博瑞森图书
BRACE
企业阅读 本土实践

曹子祥教你做激励性薪酬设计

曹子祥◎著

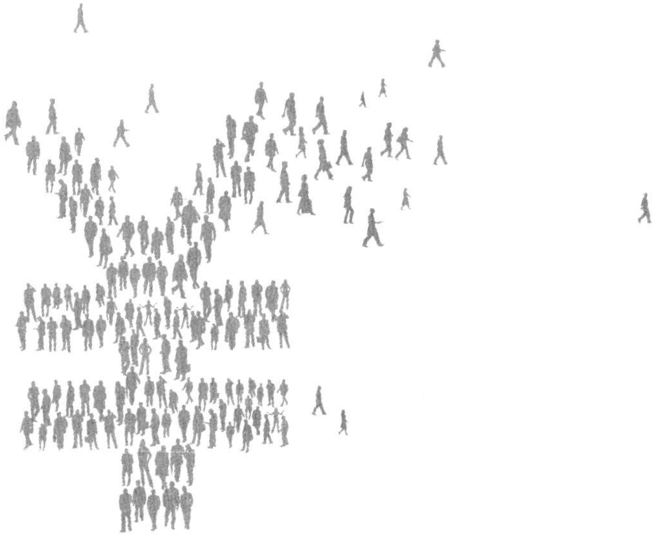

企业管理出版社
ENTERPRISE MANAGEMENT PUBLISHING HOUSE

图书在版编目（CIP）数据

曹子祥教你做激励性薪酬设计/ 曹子祥著. —北京：
企业管理出版社，2016. 10
ISBN 978-7-5164-1312-8

Ⅰ. ①曹… Ⅱ. ①曹… Ⅲ. ①企业管理－工资管理
Ⅳ. ①F272. 92

中国版本图书馆 CIP 数据核字（2016）第 172736 号

书　　名： 曹子祥教你做激励性薪酬设计
作　　者： 曹子祥
责任编辑： 程静涵
书　　号： ISBN978-7-5164-1312-8
出版发行： 企业管理出版社
地　　址： 北京市海淀区紫竹院南路 17 号　邮编：100048
网　　址： http：//www. emph. cn
电　　话： 总编室（010）68701719　发行部（010）68701816
编辑部（010）68701638
电子信箱： 80147@ sina. com
印　　刷： 三河市文阁印刷有限公司
经　　销： 新华书店
规　　格： 170 毫米 ×240 毫米　16 开本　14. 75 印张　200 千字
版　　次： 2016 年 10 月第 1 版　　2016 年 10 月第 1 次印刷
定　　价： 58. 00 元

本人做企业高管13年，做人力资源管理培训和咨询15年，现在是北大纵横管理咨询集团的股东、高级合伙人。

企业激励性薪酬方案设计，是一个非常庞大的课题。改革开放这么多年，国企改革历经那么多波折，其核心是什么？分配机制。分配机制说通俗些就是“如何分钱”。分钱是一件大事，分钱能调动员工的积极性，其实就是“激励性薪酬方案设计”。

所谓激励性，就是个人的收入和贡献紧密挂钩。

按照激励性薪酬的逻辑，本书分为九个章节：

（1）薪酬管理是什么。

（2）薪酬管理那点事儿。

（3）薪酬结构设计。

（4）薪酬水平设计的四维模型。

（5）高管的薪酬如何设计。

（6）销售人员的薪酬如何设计。

（7）生产人员的薪酬如何设计。

（8）岗位绩效工资制及适用岗位。

（9）薪酬管理的七大原则。

第一章内容比较简单，主要讲薪酬管理与人力资源管理其他模块之间的关系。

第二章内容分成六个主题，主要是薪酬管理的基本概念，重点讲明白薪酬的本质及薪酬管理的内涵。很多人做了多年薪酬管理，但是未必清楚薪酬的本质。

第三章薪酬结构设计，第四章薪酬水平设计的四维模型，这两章是整个薪酬方案设计技术上的重点。其实，薪酬设计就做两件事：一是薪酬结构设计，二是薪酬水平设计。两部分内容分量比较大，所以，我们把薪酬结构设计和薪酬水平设计分成独立的部分。第三章先讲一个模板，再讲模板里面几项不同的内容。第四章逐个讲解岗位、个人、企业、外部环境几个维度对薪酬水平的影响，薪酬水平是由它们决定的。

第五章、第六章、第七章、第八章的内容就是具体的薪酬方案，包括高层的薪酬方案，销售人员的薪酬方案，生产人员的薪酬方案，专业人员、技术人员、研发人员的薪酬方案，中层管理人员的薪酬方案及其他各类人员的激励性薪酬方案等。

第五章主要讲年薪制，年薪制的方案、内涵与原理、参数的调整，年薪支付和高管的约束机制也是一个重要内容。

第六章讲销售人员的薪酬如何设计。销售人员的激励性薪酬方案一般是提成，提成方案在所有薪酬方案中是最复杂的，也是最难讲的。当然，它也是重要内容之一，我们分四部分展开。

第七章把产量工资作为重点，讲明白、讲透彻，再简单说一下计件工资，重点讲清楚两者之间的相同点和差异，然后再说一下生产部门的激励性薪酬方案。前面的产量工资和计件工资讲的是个人的，后面是部门的。

第八章是岗位绩效工资制及这种薪酬模式适用于哪些岗位。岗位绩效工资制的适用面很广，研发人员、技术人员、专业人员、中层管理人员、特殊人才的薪酬方案都在这里讲解。实际上，也适用于其他岗位的薪酬模式。这部分内容具体、翔实、操作性很强。

第九章是薪酬管理的七大原则。

第三章、第四章技术含量高、难度稍大，第一章、第二章是基础内容，不同阶段的学习会有不同的收获，可以反复读。如果读者阅历较丰富，收获会更大。

九章内容构成本书，内容很多，读的时候可能会遇到不懂的地方，遇到这种情况就记下来，实在想不明白可以问我（发邮件或加微信），有问必答。祝你读得开心、快乐，收获满满！

把我28年的管理经验分享给需要的人

前言

1987年硕士毕业后，我在大学当老师，非常喜欢讲课，是一位很受学生欢迎的年轻老师。我于1989年下海，在当时非常知名的企业用了3年时间，从部门经理做到子公司副总经理，子公司在所在地也迅速成长为行业里最有影响力的三家公司之一。1992年创办公司，我出任董事长兼总经理，经过6年发展，公司成为工业控制计算机领域的知名企业。之后在民营企业、中美合资企业出任总经理和COO。2001年创办管理咨询公司，我开始做管理咨询工作。从那时开始，一发不可收拾。2009年加入北大纵横管理咨询集团，作为高级合伙人，我先后担任培训主委（7大主委之一）、联席委成员、事业部总经理、行业中心总经理等。我的职业就是推动企业成长，无论培训、咨询，还是顾问，都在为企业创造价值，这也是我认为特别有意义的人生价值所在。

我的工作方式比较有意思，跟大家简单说一下，因为这对我的成长有益。

差不多1/3的时间用于咨询项目，十几年来，我参与和主导的咨询项目有几十个。做咨询项目有什么特点？方案要结合企业的实际情况，要深入了解所在行业，解决方案要符合管理学原理，并且要形成管理系统。咨询方案要落地、要执行，各方面相互关联，比如，绩效和薪酬、绩效与岗位说明书，绩效与企业的战略、工作计划，绩效与培训等都有逻辑关系。做咨询的过程是非常好的系统训练过程，所以做咨询工作的过程让我比较彻底地了解了管理体系的系统性。

1/3 的时间做顾问和董事，在中国做顾问是非常有挑战性的事，非常不容易。企业顾问通常得到企业决策人的充分信任，对企业存在的问题，无论什么问题都要问，甚至私事也会问。我记得有一个企业的董事长纠结了很长时间，问我一个问题，他的女儿要上大学，要报考志愿，是报北京大学好还是人民大学好。我就问他一些问题，诸如他的女儿的兴趣、爱好、喜欢什么专业、将来在国内还是国外就业，然后给他分析半天，分析完后，他认为是这么回事，就采纳了我的建议。所以，做顾问的经历让我的知识面变得特别广，我想写书或讲课的时候，尽可能地把做咨询和顾问、董事的一些经验分享给大家，相信读者会有更多的收获。

多于 1/3 的时间讲课，包括内训和公开课，十几年来，我的周末基本上是在讲台上度过的，辛苦并快乐着。

多年的实践经验告诉我，经营企业主要就做两件事：赚钱和分钱。赚钱难，分钱也不容易。赚不到钱有很多原因，主要的内在原因就是分钱没分好。本书的核心就是告诉企业，如何设计具有激励性的薪酬体系，如何既给员工足够高的工资，调动大家的积极性，又能帮助企业发展，这是关键。

激励性薪酬方案意味着什么？意味着每个人的收入和他的贡献度挂钩。就是说个人贡献越大，个人的收入就越高。还要和什么挂钩？和企业的总体效益挂钩。另外，还要和员工所在部门的绩效挂钩，这样，部门的绩效越好，员工的收入就越高。所谓的激励性，就是调动大家的积极性，就是个人的收入要和本人的绩效挂钩，和所在部门的绩效挂钩，和整个企业的效益挂钩。

薪酬的激励性说起来简单，做起来还有很多细节。比如，企业有高层、中层、基层，他们的薪酬方案是有差异的。差异在哪里呢？

我们可以想象一下，高层对整个企业的效益的影响是直接而重大的。而基层的某一个员工对整个企业的影响就小得多，所以，他们的特点是不一样的，要从不同的层级角度看。

另外，不同性质的工作，销售工作、生产工作、技术研发工作、行政工作、人事工作、财务工作的薪酬模式也不一样。比如，销售人员直接创造效益，行政人员没有直接创造效益，他们的分配模式就不一样。销售人员直接带来订单，其薪酬特点就是收入同一个个的订单挂钩，激励他们直接创造效益。可是行政人员的工作并没有同一个个具体的订单直接关联，收入就不能同具体的订单挂钩，不同岗位的薪酬模式是不一样的。

薪酬模式虽然很复杂，但通过学习本书，读者能够形成比较系统和清晰的知识脉络，并将所学运用到人力资源管理工作中，相信会有一定的帮助。

在此特别感谢帮我做了大量文字整理工作的李瑶及我的助理马永，还要特别感谢提出工作中的具体问题并帮助我将问题解答整理成文字的白宇光、张鑫、王晓强、孙淑红、杨庚银、李敏、周利等，感谢你们对本书编写工作的大力支持！欢迎学员、读者与我探讨在企业管理中遇到的实际问题，我的邮箱：100266845@ qq. com、微信：caozixiang62 随时为您敞开沟通的渠道。

曹子祥

2016 年 5 月 1 日

上篇　薪酬设计理论

第一章　薪酬管理是什么

一、企业要做好两件事：赚钱和分钱　004
二、一个简化的企业管理模型　006
三、人力资源管理体系　010

目录

第二章　薪酬管理那点事儿

一、薪酬管理常见问题　016
二、薪酬的本质及解析　017
三、薪酬设计内涵　018
四、薪酬体系设计与实施流程　020
五、薪酬管理手册范例　021
六、薪酬管理中的机构与权责　029

第三章　薪酬结构设计

一、薪酬结构模板与薪酬单元　034
二、工资　034
三、激励薪酬　037
四、福利　043

第四章　薪酬水平设计的四维模型

一、决定薪酬水平的四维模型——岗位　059
二、决定薪酬水平的四维模型——个人　062

三、决定薪酬水平的四维模型——企业　065
四、决定薪酬水平的四维模型——外部环境　070
五、薪酬调查　071

下篇　关键岗位薪酬设计

第五章　高管的薪酬如何设计

一、激励性薪酬方案导入——利润分享　078
二、高管适合的薪酬模式——年薪制　082
三、年薪制的激励程度设计与参数调整　090
四、延期支付与高管的约束机制　092

第六章　销售人员的薪酬如何设计

一、销售人员的提成方案及参数调整　096
二、销售管理人员的工资与提成　101
三、销售助理等销售辅助人员的工资与提成　106
四、提成方案的其他要点解析　110

第七章　生产人员的薪酬如何设计

一、产量工资制结构及设计要点解析　116
二、计件工资制结构及设计要点解析　118
三、生产部门的团队激励：收益分享计划　119

第八章　岗位绩效工资制及适用岗位

一、岗位绩效工资制解析　124
二、研发人员、技术人员和专业人员的激励性薪酬方案　128
三、中层管理人员的薪酬——岗位绩效工资制　130
四、协议工资制（或薪酬特区）　131

第九章　薪酬管理的七大原则

结束语

附录一　某国有企业薪酬福利制度　（样例）
附录二　某民营企业薪酬管理制度　（样例）
附录三　曹子祥老师解答实操中的薪酬绩效问题

上　篇
薪酬设计理论

第一章

薪酬管理是什么

一、企业要做好两件事：赚钱和分钱

提要：

- 企业就做两件事：赚钱与分钱。
- 金钱留人、事业留心、文化留魂。
- 任正非认为企业管理的核心就是管好干部、分好钱。

赚钱不容易，分钱也很难。分钱分不好，就赚不到钱。城市改革、企业改革，做了几十年，核心内容就是分配机制，通俗讲就是分钱。分钱包括几个层面：一是股东分钱，股东按照出资比例分享收益；二是纳税，给政府分钱。这两个分钱相对容易，主要是法律问题，要合法经营、照章纳税，主要是经营者的意愿和意识问题，相对来说简单，与企业管理有关系，但不是我们讨论的范畴。

最复杂的是员工分钱。员工工资如何定？年终奖怎么发？加薪的时候该给谁加薪？是小步快跑还是一步到位？依据什么加薪？分钱分不好，留人就有问题，所以企业的分钱要非常仔细，要有系统，要有让人信服的依据。总之，非常麻烦。

如果薪酬没有竞争力，吸引不了人，就无法招到能干的人才，而且原有的人才也留不住。这样的企业留下的都是庸才、懒才，企业如何发展？这里讲的是**薪酬管理的第一个原则，要具有外部的竞争性。**

第二个原则是薪酬管理的激励性，第三个原则是薪酬管理的公平性，第四个原则是薪酬管理的战略牵引性。战略牵引性是在战略指导下制定薪酬方案，战略定位指导企业的薪酬定位，公司的战略重点指导我们确定薪酬激励的重点对象。**第五个原则是薪酬管理的经济性**，就是要保证企业对人工成本的控制。**第六个原则是薪酬管理的合法性**。可见，保证薪酬分得好还真不容易。所以，很多企业分钱分不明白就赚不到钱。

“金钱留人，事业留心，文化留魂。”基础和关键是金钱留人。事业留心指的是怎样把个人的事业和企业的事业统一起来，让员工的个人事业在企业里实现，这样就把员工的心留住了。文化留魂就是要通过铸造强大的企业文化，让全员具有更趋同的使命、愿景，建立起全员共有的核心价值观，管住全员的灵魂，员工会发自内心地热爱企业。

分钱对于企业的重要性和难度，办过企业的人都有深刻的感受。华为的任正非就曾经说过：**“企业管理最重要的两件事就是管好干部、分好钱。”**

干部要管好，为什么要管好呢？道理很简单，干部手里有权。干部手中的权如果不加以管制和约束，滥用权力就会造成腐败和低效，整个组织就会慢慢地烂掉。任正非早就看出这个问题，所以一再强调管好干部，同时必须分好钱，他就抓这两件事。干部队伍管不好，这个企业就完了。对企业来说，管好干部是最重要的事情。不过，这不是本书要讨论的话题。

任正非认为的分好钱正是本书内容。2011 年 7 月 15 日，我到昆明讲课，在飞机上刚好和任正非邻座，飞机晚点，我们一路聊了很多企业管理的话题。任正非是我的偶像，那天我比较兴奋，就社会上的传闻问了任总一些华为的情况，任总非常谦虚，非常敏锐地谈了华为的一些问题及对华为未来发展的思考。不过，我们在飞机上谈的最多的还是如何管人、如何分钱，我还写了一篇文章——《我和任正非一起飞》，那篇文章是写给我自己看的，没发表，因为当时我同任正非开始交谈的时候，就承诺不会把见面的细节发表，包括我们的照片。任正非危机感非常强，对于华为如此优秀的企业，他看到的都是问题，因为他对企业的要求确实太高了。他一路讲，企业最重要的事就是分钱。一开始我就问他：**“企业管理最麻烦的是什么?”“分钱啊!”他停顿了一下，又重复说了两遍“分钱”。接着任正非又进一步说：“一个老板如果连分钱的事都没整明白，还当什么老板?”**这是任正非的原话，他用的词是“整”。任正非强调，企业分不好钱就赚不到钱。任正非不仅是一个企业家也是管理思想家、管理哲学家，华为做到全球行业老大，而且超越第二名的优势持续拉大，从某种意义上讲，就是任正非管理思想的成功实践。他的很多话都非常深刻地揭示了管理的真谛，非常有道理，我从中受到很多启发。

一句话，企业老板最核心的工作是把分钱的事整明白。

二、一个简化的企业管理模型

要想把薪酬的问题讲明白，先从薪酬管理的相关内容说起，先给大家一个企业管理的简化模型，然后再给大家介绍三个人力资源管理系统的模型。有这些模型作为框架，就能够比较系统地掌握企业管理的相关知识，也就能把薪酬管理做得更科学，真正解决企业的问题。

在移动互联网时代，大家经常说到一个很重要的词——碎片化。碎片化包括时间碎片化、知识碎片化、学习碎片化等。我经常思考一个问题，移动互联网时代，知识的传输变得方便、快捷，人们可以非常方便地利用碎片时间获取片段知识，碎片化学习成为一种时尚。我也在想，实际上，**现在学习上面临的最大问题也是碎片化。**对很多人来说，知识没有形成体系，那些零星的、碎片的、没有体系的知识不断地进入大脑，由于缺少知识体系就会一叶障目，被碎片信息和知识误导。对这些人来说，碎片化带来的负面影响大于收益。另外，很多支离破碎的信息、相互矛盾的观点、相互冲突的说法，使有些人无所适从。从健康保健的知识到财经知识，再到政治观点，都有这个问题。我看到过很多相互矛盾的企业管理的知识，大家都在转发。很多人经常问我一些企业管理的问题，不知道哪些是对的、哪些是错的，不知道该怎么办。比如，今天说去 KPI 化，明天又说必须要 KPI，到底谁对？要不要 KPI？去还是不去？很多人糊涂了。为什么会这样，因为有些人没有系统的企业管理知识，就会被一些似是而非的观点左右，没有系统就会糊涂。

没有系统的管理知识作为基础，不但对碎片化知识缺乏判断能力，而且学习效果也不好。对于初学者，很多人看到一些信息后，不知道这个观点是对还是不对，人云亦云。碎片化时代带来了混乱，这种混乱如果没有体系，碎片知识就可能变成垃圾，怎么才能让碎片知识变得有价值？构建了企业管理系统后，对所有学到的碎片知识，就有能力拼接到知识体系里，能够挂在知识架构上面，否则，你就会被它误导。

所以，我在讲薪酬之前，先介绍一下管理体系，让大家先建立企业管理知识系统。

说到企业管理的时候，我们心里想到的管理是什么？我们先从管理学的定义说起，管理学的定义是描述性定义，有别于自然科学的限定性定义，就是说，管理学的定义没那么严格，也不是只有一个定义，管理学有很多不同的描述，光管理学的定义就有一百多个。记得一位非常有名的管理学教授说到管理学的定义的时候给我们讲了一件事，他让博士生去搜集关于管理学的定义，那位博士生搜集了一百多个报告给他，这些描述很多都是被人们广泛认同的。这个教授看完这些定义后说如果继续找，还可以找到很多定义。不同于自然科学的定义都是唯一的，管理学的概念很多都是描述性定义，定义多就是描述性定义的特点，不过，同一个概念的各个定义所描述的内涵都是有共性的。

同样，企业管理的定义也不是唯一的，但是不同定义的内涵是相似的。为了便于大家记忆，我们用一个图形将它描述出来。现在，我给出一个企业管理的模型（如图 1 - 1 所示），这个模型很简单，很容易记。

先思考一下什么是企业管理？当我们想到企业管理的时候就会想到这个模型，一共有四大模块。

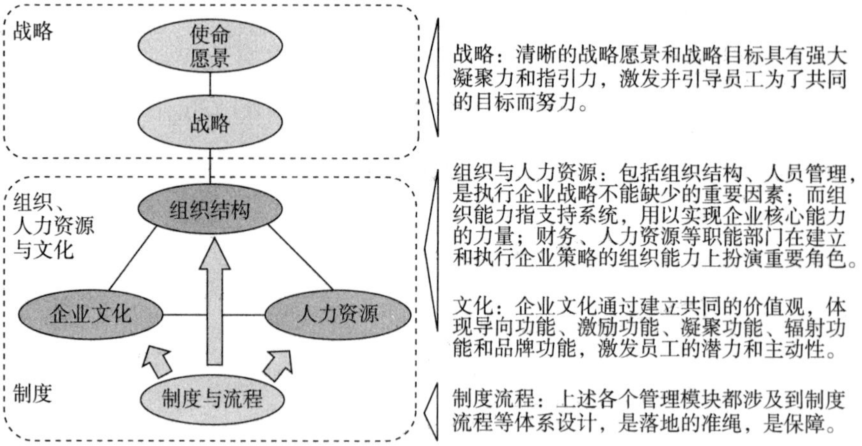

图1-1 企业管理系统的简化模型

做企业管理的时候先把企业战略弄明白，定位要准、方向要明、目标要清、步子要稳，也就是说做企业管理的第一件事就是把战略搞定，叫**战略管理**。

战略规划做完之后做什么？要调整**组织结构**，组织结构要支撑战略。不管什么战略、做什么业务都要组织结构支撑，组织结构会涉及总体结构设计、部门设计、岗位设计等。

组织结构设计完成后要配套人力资源，人要跟得上才行，就是说要选、育、用、留人才，即**人力资源管理**。

企业要强大，必须铸造强大的企业文化。企业中的人要有信仰，有信仰才会有持续的激情，才能感受到工作价值，才能快乐地工作。如何让他们有共同的强大信仰，就要铸造强大的**企业文化**。

我们用这张图描述复杂的企业管理，就可以**非常形象地把企业管理的几件事：战略、组织、人力资源、企业文化之间的关系表示出来**。

我们把这张企业管理简图想象成人体就好记了。**战略就是人的脑袋**，战略在最上面，要站得高、看得远，目标要清、方向要明。**躯干就是企业的组织结构**，组织结构千万不能出问题，躯干出问题了就是出大问题了。躯干下面是两条腿，**一条腿是人力资源，一条腿是企业**

文化。两条腿要强健有力，要均衡发展，公司就能走得远，实现战略目标。

我们重点谈一下人的问题：企业中，**一切问题都来自人**，所以，我经常会说所谓的管理一定要牢牢抓住对人的管理，**老总的核心工作就是人力资源管理。**

而这些人是有信仰的还是没信仰的，其竞争力差别巨大。有信仰的人，干活是愉悦的、是高效的、是没有抱怨的、是同心协力的、是上下一条心的，这一切都是我们要抓的企业文化。**一个企业如果要做到几千人、上万人的规模，没有强大的文化是不可想象的，**是很难做到的。所以，企业文化也是企业管理的要点。**我把企业的组织结构、人力资源、企业文化称为企业管理的金三角。**

你在思考企业管理问题的时候，立马在脑子里呈现这个图：企业管理先思考战略，战略定位、战略目标、战略举措。之后就是组织结构设计或者组织结构优化支撑它，组织结构优化会涉及要设置或调整什么部门、什么岗位，哪些部门该合并、哪些部门该分拆，哪些岗位缺失、哪些岗位重复。组织结构下面有两条腿支撑：一条腿是人力资源，另一条腿是企业文化。组织结构设计最终会确定岗位，确定岗位之后要配备合适的人。通过测评可以了解哪些人合适、哪些人不合适，就是说人岗匹配度如何，还要考虑人的激励情况，这些人的选拔、培训、晋升等，这些都是人力资源问题。当然，核心问题是薪酬管理，就是如何分钱。

企业管理与建章立制：前面说的企业管理的四大模块（想象为一个人体）的每一个模块的管理体系建设都是通过建章立制实现的。

企业没有制度就谈不上管理，这些制度就包含该企业的组织管理制度、人力资源管理、企业文化相关的管理制度等，也包括战略管理。

这里说的制度是一个笼统的范畴，内涵比较广，包含了制度、标准、规则、规范、实施细则等，甚至流程、表单也是制度的范畴。在具体的语境下，我们提到制度的时候，可能是说适用于整个公司的制度，比如，薪酬管理制度是针对所有人员的。而实施细则可能是针对某个部门或者某一类人的，如野外作业人员补贴的实施细则只是针对野外作业人员。有了制度、实施细则，然后就是具体操作，通常要制定相应的流程，流程配套必须有表单。很多企业建章立制后，制度得不到执行，因为没有流程，大家不知道怎么做。只有流程，没表单配套也不行。所以，这是一个体系，制度的设计通常包括制度、实施细则、流程、表单等，这些东西就是建章立制。

三、人力资源管理体系

提要：

- 人力资源管理的内涵。
- 战略性人力资源体系构成。

从企业管理体系到企业人力资源管理体系，再到薪酬管理，好比从森林到树木，再到树叶。薪酬管理就是树叶，人力资源管理体系就是树，企业管理体系是森林。

我们看一下战略性人力资源管理框架图（如图 1－2 所示），人力资源管理体系包含战略管理，在最上面，告诉我们**人力资源管理是以战略为指导的，**战略包括战略目标、战略任务等。战略是一切管理工作的指导，包括战略指导下的组织结构设计，**通过组织结构设计承载企业的战略。**在战略指导下做人力资源战略（规划），根据公司的战略目标，制定各个部门的目标，进一步分解到每一个岗位的目标，成为绩效考核的依据。另外，其他人力资源管理活动，如培训、薪酬管理等都在战略指导下展开。

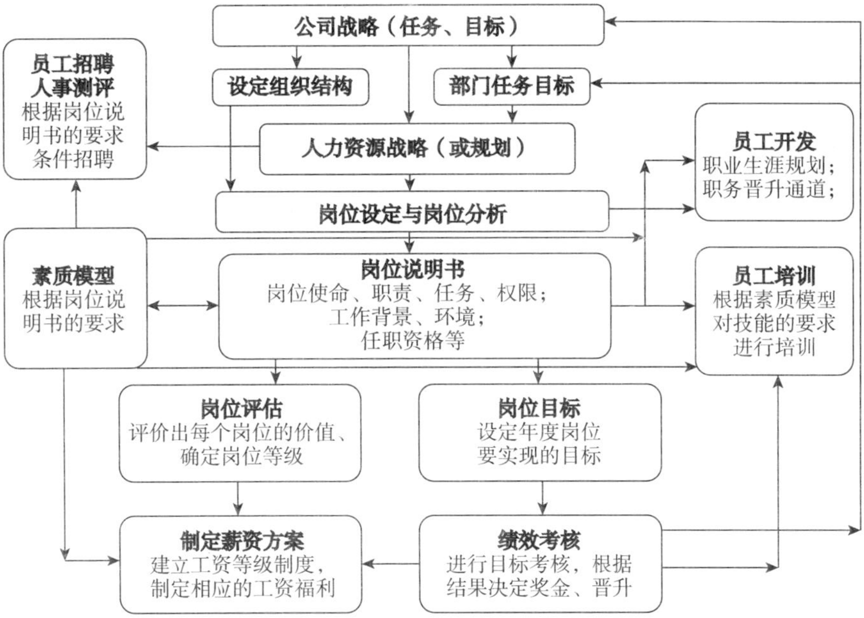

图 1－2　战略性人力资源管理框架图

组织结构设计包含部门设计、岗位设计和岗位说明书撰写，通常也包含权力安排和流程梳理。梳理流程后，还要重新撰写或优化岗位说明书。**岗位说明书是人力资源管理的基础性工作，就像一座大厦的地基，如果地基不够好，整栋人力资源管理的大厦就不可能有好的质量，一定**要重视！

企业的招聘工作一定要提前规划好，在人力资源规划指引下组织招聘工作，**避免在需要人的时候现找人，很难招聘到合适的人才。**人力资源规划是很多企业的短板，有些企业根本没做人力资源规划，也不知道如何做，导致企业人才总是无法及时到位，影响企业的业务开展。招聘中的人事测评是必不可少的，**建立基于素质模型的人事测评体系，不仅是招聘质量的保证，也是培训、员工任用、薪酬水平设计等的前提。**

绩效指标是绩效管理的核心，指标的提炼是以公司战略目标为指导的。指标体系包括指标库和绩效合同。为了避免指标的二义性，通常要建立指标辞典。公司的战略任务、目标要分配到各部门，形成部门的目标，然后再分配到各个岗位，形成各岗位的目标，构成公司的三级绩效考核指标体系，就是常说的总经理的指标、部门经理的指标和执行岗位的指标。其中，总经理的指标承载了公司的战略目标。

我们再看一下岗位评价和薪酬方案设计之间的关系。比如，对于多个副总，我们设计这些岗位的薪酬水平时，如何确定各个副总（副总一、副总二、副总三……）的薪酬水平？设计成一样的还是不一样的？如果不一样，哪个高？高多少？哪个低？低多少？这是一个重要问题。这个问题很复杂，解决好这个问题很有挑战性。决策层无论怎么决定都会有人不满意，给谁多了，别人就不开心，给哪位少了哪位就会有问题。怎么办？答案就是做岗位评价，通过岗位评价解决内部公平性问题。

岗位评价是一批评委共同打分形成的结果，岗位评价的评委人数通常从几人到几十人，代表公司各个层面的人。一般岗位数在百位以上的企业，评委人数都会超过 20 名，一般是奇数。**岗位评价的结果是所有评委的共同认知，而不是少数几个人的意愿，更有公信力。**

岗位评价以岗位说明书为基础，是在了解岗位全貌之后做出的评价，避免具体任职者的影响。岗位评价对每个岗位都是使用一系列的指标进行评价，是非常全面的评价，避免了以偏概全。比如，非常知名的 IPE 岗位评价体系（如图 1 – 3 所示），就是使用 7 个因素、16 个维度做岗位评价的。用 16 个指标做某个岗位评价，结果更客观、更公平。

人们往往容易看到自己的贡献，不容易看到别人的贡献，也容易沾沾自喜于自己的强项、优势，而忽视自己的缺点。岗位评价的意义就是把 20 多个评委对任何一个岗位的价值评价都用十几个指标呈现出来，任何一个人认为不公平的时候，说明自己的认知和评委的认知是不一致的。问题出现了，是以个人的认知为准，还是以 20 多个评委的认知为准呢？当然是 20 多个评委的意愿更有公信力。不是说个人的意愿完全没有道理，个人说的是小道理，20 多个评委说的是大道理。还有，岗位评价用了包含体现岗位价值的各个方面的指标，这些指标包含个人强

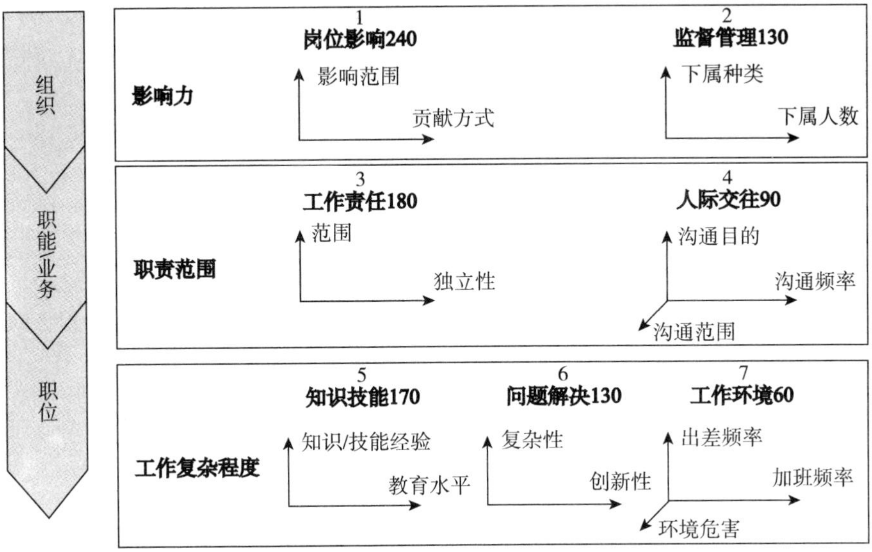

图 1 – 3　岗位评价的经典方法——IPE 的指标系统

的地方，也包含个人弱的地方，包含贡献大的地方，也包含贡献小的地方，这个评价结果应该更公平，这就是岗位评价的价值。依据这个评价得出的结果做的薪酬水平方案当然也不会做到绝对公平。这些评价方法都经过大量企业验证过，是非常全面的评价方法，比有些公司由少数的几个人在没有全面评价指标的情况下做的决策更有公信力。

公平理论告诉我们什么叫公平。公平是一种主观的感知，所以讲公平的时候一般用公平感这个词，公平感也就是对所谓公平的主观感知。所以，不能说岗位评价就一定能做到绝对公平，是做不到的。

注意：岗位评价，评价的是“岗位”的价值，而不是在岗位上的“任职者”的价值。

图 1 – 2 的右侧是人才梯队建设相关模块，越来越受人们的重视，是很多企业欠缺的，包括员工培训、员工开发、职业生涯规划、晋升通道设计等。**行业中的优秀企业通常是重视人才梯队建设的企业**，这几个模块都做得比较好。

最后，我们看一下图 1 – 2 最下面的三个模块**岗位说明书（posi-**

tion）、薪酬管理（payroll）、绩效管理（performance），合在一起构成了人力资源管理的最基础也是最重要的三个方面。由于这几个职能模块都可以用第一个字母P的英文单词描述，基于它们之间内在的紧密联系和便于记忆的原因，也是构建人力资源管理系统平台中最重要的三个内容，所以，**我们称之为“人力资源管理3P核心”**。

快速理解和记住的人力资源管理体系的尝试：

如果把人力资源系统看成人体（请参见图1-2），他呈站立状态，左右两手举到与头部对齐的位置。

人头部分：企业战略规划作为人头部分，具有指导作用，所以放在最上面。

中间的部分是躯干，是人力资源管理的支撑和基础，由上下两部分组成。**躯干的上半部分包括组织结构设计、部门目标设定和人力资源战略（规划），这部分是人力资源管理的支撑。躯干的下半部分包括岗位设定与岗位分析、岗位说明书撰写，是人力资源管理的基础。**

躯干下面是两条腿：薪酬管理与绩效管理。薪酬管理以岗位评价为前提，故而岗位评价是左腿的上半部分；绩效考核以目标设定为前提，所以把岗位目标作为右腿的上半部分。

人力资源管理就是依靠两条腿来支撑。

躯干的两侧就是两个胳膊，握紧拳头，双手举到头的位置；左右两手都要抓，两手都要硬。

左臂是人才配置。其中，上面的拳头是招聘与测评，左手要有力，才能快速、有效地抓住（招聘到）人才，不够强就抓不住；拳头的下边是肘，就是素质模型，是对上面的拳头的支撑，它要有力招聘（人事测评）才会更有成效。

右臂是人才培养。其中，右边上面是员工开发—职业生涯规划—职务晋升通道，是右手；右手下面是右肘，对应员工培训。

第二章

薪酬管理那点事儿

一、薪酬管理常见问题

薪酬管理是企业管理中最重要和最难的部分，因此问题也最多，比如：

（1）新员工工资比老员工高，老员工心理不平衡，怎么办？

（2）年终奖金如何发？

（3）如何了解行业薪酬水平？

（4）加薪是小步快跑还是一步到位？

（5）降薪困难怎么办？

（6）众口难调，员工到底需要什么样的福利？

（7）薪酬如何体现公司的战略意图？

……

这些是我在做管理咨询的过程中搜集到的薪酬管理常见问题，这样的问题还可以列出几十条，具有普遍性。

这些问题的原因比较复杂，比如，新员工的工资比老员工高，这是很多民营企业里普遍存在的问题，不仅是小企业，不少大企业也有类似的问题。什么原因导致的呢？一是企业薪酬管理缺少体系性，没有做系统的岗位评价，定工资比较随意。二是企业的调薪制度没有完善，老员工没有正常的加薪渠道。三是企业的薪酬普调制度没有建立，没能随着市场薪酬水平的提升而调整，很多定薪都是根据员工与公司谈判的结果，甚至在加薪时出现“会哭的孩子有奶吃”的现象。

这些都是薪酬管理中常见的问题，希望本书能帮助读者理清思路，使这些问题迎刃而解。

二、薪酬的本质及解析

提要：

薪酬的本质：

- *劳动力劳动价值的价格。*
- *市场交换行为。*

薪酬的本质是什么？劳动力输出劳动的价值，并从企业获得相应的报酬，这个过程实际上是一种市场交换行为。既然是交换，是市场行为，那么，**薪酬设计一定要遵从市场规律，要有市场的竞争性，或者跟市场匹配**。薪酬在市场上有没有优势，决定公司能否吸引到优质人才。

当然，这个问题要和企业的业务性质联系起来。如果业务本身是靠国家政策垄断的，而人又是国家认定的，他的收入完全参照同岗位市场薪酬水平就是不对的，因为不管是什么人在这个位置上都能够做到这样，业务是国家给的、价格是国家定的、利润也是稳定的。所以，这时候人的收入就不应该按照市场来定。你不能光看私营企业的高管赚了一百万元，而不去看人家为了达成经营目标吃的一百万的苦。薪酬的本质是市场交换行为，所以，**薪酬的市场化要和业务市场化对接，**否则人家就不服气。市场化是一个系统工程，不是那么简单的。没有业务的市场化，薪酬的市场化是要出问题的。所以，在体系里面，上面是战略，战略的核心是业务。业务市场化，然后人才市场化、薪酬市场化。这个系统如果不建立起来，薪酬的激励性就不能展开，要动是整个系统在动。

薪酬的本质是市场交换行为，那么这个市场交换行为在市场竞争充分的情况下，为我们带来什么样的思考呢？**不同的岗位报酬不一样。**招总经理、招副总、招不同的岗位，价值不同，报酬也不一样，所以薪酬设计要进行价值评估。同时，**作为市场交换行为，按照基本的经济学原**

理，就存在供求关系。市场上能够胜任某个岗位的人很多，很多人找不到工作的时候，该岗位的报酬就相对较低。而市场人才缺乏，招不到人的时候，劳动力的价格就上涨。做薪酬管理的时候就应该明白这个基本的经济规律——供求关系。此外，**既然是交换行为，价格是可商量的，可以讨价还价，所以市场化包括价格的可谈判性。**做薪酬管理，需要掌握好人才市场的行情，以相对较低的人工成本把合适的人才吸引过来。

薪酬的另一个要点是贡献度如何衡量，如何体现多劳多得、少劳少得，如何体现薪酬的激励性。比如，我们如何决定张三、李四拿多少钱？通过绩效考核。**大家记住考核的本质就是衡量贡献度。**绩效考核中对员工、部门的考核本质上就是衡量贡献度。

三、薪酬设计内涵

提要：

➢ 薪酬设计就做两件事：一是薪酬结构设计，二是薪酬水平设计。

薪酬结构指的是总薪酬是哪些薪酬单元（如基本工资就是一种薪酬单元）构成的，不同的薪酬单元各占多大比例。比如，就你的工资来说，有基本工资、岗位工资、绩效薪酬、奖金，分别占总收入的多少比例，这是薪酬结构设计的内容。

薪酬水平设计：你的薪酬总额是多少？在人才市场上处于什么水平？是处于行业高水平（75 分位或以上）、中位值（50 分位）还是较低水平（25 分位）？

记住：薪酬设计就做这两件事，这样就把薪酬设计内容简单化了，容易记住。

薪酬方案、薪酬模式与薪酬制度

薪酬结构设计也罢，薪酬水平设计也罢，全部都包含在薪酬方案里。一个公司的薪酬方案针对不同的岗位通常有很多种不同的薪酬模式。年薪制是一种模式，岗位绩效工资是一种模式，提成工资是一种模式，计件工作制、产量工作制、协议工作制都是薪酬模式。实际上，整个公司里高、中、低三个不同层级及营销、生产、研发、行政人员等不同的岗位序列，它们的薪酬模式可能不一样。

薪酬方案设计完成后，要以薪酬管理制度的方式呈现出来，公司的薪酬管理（包括定薪、加薪、减薪、薪酬发放等）就按照薪酬制度执行。

各类薪酬模式

首先说一下年薪制，大家思考一下，年薪制是针对哪一类人员的？很多人都知道这个问题的答案——当然是高管，我们后面会详细地讲。高管作为班子成员，在整个企业承担经营职责，对经营结果有直接的重大影响。同时，企业的经营结果需要较长的周期才能看到成效，因此针对高管的绩效考核周期比较长，较适合以年度为周期。

岗位绩效工资制指的是企业中层管理人员，以及工程、研发、技术等专业岗位的从业者，在他们的薪酬结构中，岗位工资和绩效工资占主要成分，所以这类薪酬模式叫岗位绩效工资制。为什么叫岗位绩效工资制？我再强调一遍，因为这类薪酬模式的主要收入构成是两类，一类是岗位工资，一类是绩效工资。

提成工资制：什么岗位有提成？大家肯定知道是销售类岗位。再细化一点，其实有三种岗位属于销售类岗位，一是销售管理、二是销售、三是销售辅助。销售岗位采用提成工资制，销售管理岗位，如销售经理、销售总监适用于销售提成工资制。还有销售辅助岗位，如销售秘书、销售助理，实行的是什么工资模式？提成。这三类岗位的主要收入是提成，甚至薪资中有80%的比例都是提成构成的，当然有的是60%，有的是50%。你激励他承担的业绩压力越大，提成占的比例就越高。

计件工资制（产量工资制）主要适用于生产工人和基层生产管理人员，他们的工作业绩直接与产量挂钩，以产量体现他们的贡献度。

协议工资制主要针对特殊人才。协议工资制可以灵活应用各种薪资模式，特殊人才特殊处理，这都是可以的。注意：协议工资本身也是岗位绩效工资制。不过，由于薪酬水平是公司同个人双方协商后的结果，薪酬水平高，无法放在现有的薪酬体系中。所以，我们称之为协议工资。在后面章节的有关薪酬的制度安排上，协议工资制有时是放在岗位绩效工资制里。

四、薪酬体系设计与实施流程

薪酬体系设计是一个复杂的系统工程，牵涉诸多因素，具体的设计步骤主要有六个：

步骤一，岗位分析。岗位分析前，我们首先要对岗位进行梳理，了解一个组织的基本结构和岗位状况。在收集到与岗位有关的各种相关信息之后，对岗位进行分析。岗位的分析结果通过整理，便可以按照一定的格式编写成包括岗位职责、任职资格条件等信息在内的岗位说明书。

步骤二，岗位评价。基于岗位说明书，企业可对岗位进行评价。岗位评价的方法有很多种，包括排序法、分类法与要素计点法。根据评价的岗位价值的相对高低进行排序，即可建立所有岗位的等级结构，形成岗位等级列表。

步骤三，薪酬体系及薪酬方案确定。**薪酬体系设计并不是一个脱离外部竞争性独立决策的过程，而是内部公平性与外部竞争性这两种薪酬有效性标准之间进行平衡的结果。**因此，企业需要进行外部薪酬调查，了解外部薪酬水平，并根据企业发展战略确定企业自身的薪酬定位。在综合考虑企业内部与外部情况的基础上，才能构建企业的薪酬体系，选择适合企业的薪酬模式。

步骤四，确定薪酬体系的薪级、薪档等。

步骤五，薪酬套改及测算。在具体的薪酬方案形成之前，为了把控企业人工成本变动所带来的风险，企业还需按照新的薪酬规则对薪酬进行套改及测算。

步骤六，提交审批。具体的薪酬体系设计与实施流程如图 2－1 所示。

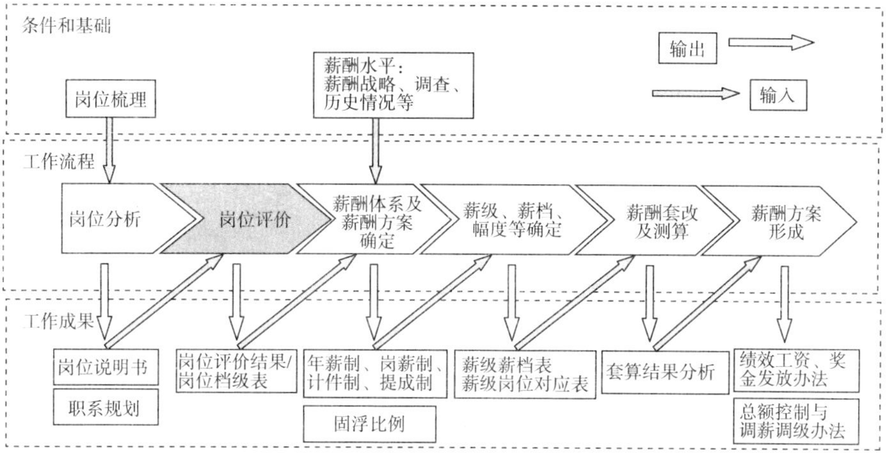

图 2－1　薪酬体系设计与实施流程

五、薪酬管理手册范例

薪酬的设计方案是通过薪酬管理手册体现出来的。我们讲薪酬规范化，什么叫规范化？规范化就是要建立相应的制度。制度怎么呈现？对薪酬管理来说，很多企业建立了薪酬管理手册，这个手册包含了薪酬管理制度和实施细则、流程和表单。一个手册呈现的是一个完整的可执行的薪酬管理体系。

下面是一个薪酬管理手册范例的目录，根据这个目录，我们能对薪酬管理手册的框架有一个大致了解。薪酬管理手册范例的具体内容请看本书的附录部分。

案例1：一个企业薪酬管理手册的框架目录

第一章　总　则

第一条　目的和依据

第二条　适用范围

第三条　薪酬分配依据

第四条　薪酬分配原则

第五条　薪酬分配特征

第六条　薪酬管理机构

第二章　薪酬体系

第七条　薪酬管理模式

第八条　年薪制

第九条　岗位绩效工资制

第十条　提成工资制

第十一条　计件（产量）工资制

第十二条　协议工资制

第三章　薪酬总额

第十三条　薪酬总额

第四章　薪酬结构

第十四条　薪酬结构

第十五条　基础工资

第十六条　岗位工资

第十七条　提成工资与产量工资

第十八条　奖金

第十九条　福利薪酬

第五章　年薪制

第二十条　适用范围

第二十一条　薪酬结构

第二十二条　发放办法

第六章　岗位绩效工资制

第二十三条　适用范围

第二十四条　薪酬结构

第二十五条　发放办法

第七章　提成工资制

第二十六条　适用范围

第二十七条　薪酬结构

第二十八条　发放办法

第八章　计件（产量）工资制

第二十九条　适用范围

第三十条　薪酬结构

第三十一条　发放办法

第九章　协议工资制

第三十二条　适用范围

第三十三条　适用原则

第三十四条　协议工资的确定与发放

第三十五条　协议工资制的考核与员工退出

第十章　薪酬调整

第三十六条　薪酬调整

第十一章　其他

第三十七条　试用期薪酬管理

第三十八条　加班工资

第三十九条　事假、病假、婚假、丧假、产假、探亲假期间的工资

第四十条　年休假

第四十一条　旷工的处理

第四十二条　离职人员的薪酬管理

第四十三条　保险

第四十四条　扣除项

第四十五条　发薪日

第十二章　附则

附录一：餐饮补贴及餐饮标准相关规定

附录二：第一事业部销售人员薪酬管理实施细则

附录三：第二事业部销售人员薪酬管理实施细则

附录四：第一事业部生产人员薪酬管理实施细则

附录五：第二事业部生产人员薪酬管理实施细则

薪酬管理手册包含企业的薪酬管理制度与实施细则，它的基本结构如下：

第一章是总则：第一条是目的和依据；第二条是适用范围。这个适用范围是什么意思？比如有些制度，到底是适用于营销人员还是适用于研发人员或生产人员，需要明确下来。

第三条是薪酬分配依据。**薪酬分配的依据是什么？我们说是公司战略、公司效益、外部环境，以及员工的岗位价值、能力和业绩等。**一流的企业要有一流的薪酬，战略定位决定薪酬定位。此外，企业的效益要和员工的效益步调一致。也就是说，如果薪酬设计没有和企业效益挂钩就有问题。挂钩包括两个方面：效益好的时候，大家都应该拿得多一点；效益差的时候，大家收入都会少一点。但是有一个底线不能突破，这个底线就是薪酬的固定部分。

还有外部环境对薪酬的影响。CPI 已经变得很高了，房价已经涨了很多了，竞争对手的工资已经涨得很高了，薪酬还没有跟上就有问题了，就吸引不到优秀人才。

岗位不同薪酬也不一样，不同的岗位有不同的价值，对应不同的报酬。

同一个岗位不同的人任职，薪酬也可能有差别。我经常听人家说同岗同酬，**但同岗可以不同酬**，这个岗位，张三任职和李四任职，张三的能力强就能拿更高的工资，李四的能力一般，就拿低一点的工资。同岗不同酬，具体拿多少取决于个人能力，所以大家要明白，任职同样的岗位的员工要想获得更高的薪酬，自身能力一定要强。同岗不同薪在国企做有难度，理论上，要借助人事测评，获取对员工的能力评价。

企业中有薪酬高的人，其他人就会说凭什么你拿高薪。企业没有人事测评、没有人岗匹配的体系，你就回答不清楚。你凭什么说我的本事不行，凭什么说他的本事强？有人事测评作为标准，相对来说就比较有公信力。因为人事测评不是领导测的，也不是人力资源部门测的，是一帮评委根据一系列素质模型的指标测出来的。你的匹配度是 0.6，他的匹配度是 0.8，所以你拿 28 万元，他拿 40 万元，你不服气就把能力提升了再说。你没提升能力，给你这个位置就不错了，爱干不干，不干拉倒。这是为什么？我们有测评体系就有底气。如果没有人事测评，人家责问的时候无言以对，有可能修改薪酬、重新调整。这就麻烦了，一旦开了这个先例，员工任意提意见、发牢骚，企业的风气就完了，所以一定要有体系支撑。我一开始为什么讲体系，而不直接讲薪酬？因为岗位评价、人事测评、绩效考核等与薪酬是相关联的。

注意：业务要市场化（不是垄断），用人要市场化（不是上面任命），然后薪酬才能市场化。否则，单纯讲薪酬市场化就有问题。比如，有些垄断性国企不是依靠经营者的能力获取利润，当然，也不能根据企业的效益定工资了。还有，员工不是根据能力任职，而是根据级别由主管部门任命，薪酬水平也不能按照市场薪酬水平确定。

第四条是薪酬分配原则。**薪酬作为价值分配的主要形式，需要遵循激励性、公平性、竞争性、经济性、战略导向性和合法性几个原则。**

第五条是薪酬分配特征，这里有两个基本特征，**一个是可计量性，另一个是可预期性**。可计量性是指薪资相关的因素便于量化为工资数额，应该方便计算，这个大家都知道。可预期性是员工根据所在岗位的性质、个人工作努力程度、工作业绩和企业效益，能够预计个人的全年总收入，也就是说根据这个薪资制度知道收入会如何。

第六条是薪酬管理机构。注意薪酬的管理有几个层次：有薪酬的执行机构；有具体的日常薪资管理机构，如人力资源部；有薪酬的决议决策机构，如公司领导班子、薪酬与考评委员会等。薪酬与考评委员会按照法人治理结构在董事会的下面，代表董事来做薪酬的各项决策。

思考：公司高层的薪酬方案由公司高层决定行不行

这个回答是不行。推而广之，**所有的薪酬方案都不能由利益相关者自己来制定**。所以，公司高管的薪酬方案一般由薪酬与考核委员会制定，报董事会批准后实施，而公司董事的薪酬方案则需经股东大会审议通过后才可实施。

您知道根据公司治理结构，董事会下面有哪四大委员会吗？

董事会下面有四大委员会，这是作为法人治理结构的基本知识。

第一个是战略委员会，战略委员会是负责公司的经营计划和战略制定的。

第二个是审计委员会，主要负责对公司重大财务收支及经济活动进行审计监督。

第三个是薪酬与考核委员会，主要是对企业的薪酬及绩效考核制度进行决议并对执行情况进行监督。

第四个是提名委员会，提名谁来做总经理，提名谁来做财务总监，它是负责公司董事和高管人选提名的。

注意：这四大委员会都是公司的决策机构。战略委员会的主任可以是董事长，其他三个委员会的主任必须是独立董事，而且审计委员会的主任必须是专业财务人士，这是基本要求。

薪酬委员会委员的薪酬如何定呢？他们的薪酬要由整个董事会来定，这样制度才合法、合理。首先要合法，这里所说的法是公司法，在公司法基础之上制定公司章程。公司章程是公司内部的“宪法”，所有制度不能违反公司章程，如果违反了公司章程就是无效的，**公司章程是公司一切制度的宪法**。我们制定薪酬制度的时候，绝不能忘了这一点，否则这个制度就有问题。法律是解决问题的底线，它不是一个最佳解决方案，合法是最基本的底线。在这个基础上要尽可能地合理。合什么理？符合管理的科学原理，在科学原理的指导下构建薪酬体系。

第二章是薪酬体系。薪酬体系是薪酬管理的基础，一定要说清楚。若干种薪酬模式构成薪酬体系，如年薪制、岗位绩效工资制、提成工资制、产量工资制、协议工资制等，这一章都做了解释，这一章是后面几章的基础。

第三章是薪酬总额。这个薪酬总额指的是什么？就是所有人员的薪酬加在一起，包括基本工资、岗位工资、绩效工资等的总和。有一些对下属单位实行弱管控的集团公司，有时候集团总部只控制薪酬总额，内部具体怎么分配不管。薪酬总额控制有一定的原则：**工资总额的增长幅度须低于经济效益的增长幅度，员工工资收入的增长幅度须低于劳动生产率的增长幅度**。这样进行控制之后，下属单位加人的时候就得考虑了。增加一个人，效益如果没有相应幅度增加是有压力的。员工工资收入想要有增幅，生产效益增长幅度就要更高。企业的薪酬管理有这样的原则，就减少或避免了个人的意志随意控制。

第四章是薪酬结构。公司薪酬主要的构成有基本工资、岗位工资、绩效工资、奖金等。有很多种不同的奖金，后面我们会详细讲奖金的内容。另外，还有福利。福利为什么叫福利？**福利最根本的特征是人性化**

的关爱。无论是午餐费补贴还是退休金，各种各样的福利都体现了人性化的关爱。就是当人遇到困难的时候，公司要帮他解决，这是福利的一个特征。

第五章到第九章，详细介绍每一种薪酬模式的具体内容与设计。年薪制、岗位绩效工资、提成工资制是怎么设计的？提成工资制，谁提成，提成多少？计件工资制是什么样的，把这个标准说清楚。协议工资制，哪些人是协议工资制？怎么协议？协议怎么签？要不要做考核？这里都要体现出来。

第十章是薪酬调整。包括整体薪酬调整、基础工资调整和个别薪资调整。基础工资调整是根据所在地的最低工资标准的调整而变动的。个别工资调整，如员工调岗了薪酬怎么调整、员工晋升了薪酬怎么调整，这里都有一些具体的规定。

第十一章讲到试用期的工资怎么设置，这就要跟劳动合同法对接起来。后面的加班工资、事假、婚假、病假、产假等，都要遵照国家劳动法律的相关规定。

第十二章是附则。附则里要说明本制度由什么部门负责解释、制度的修订由什么部门提出、什么机构审议审批，是有一定章程作为依据的。后面提到**“本办法未规定的事项，按公司相关规定执行。本办法自发布之日起生效执行，与本办法相抵触的其他规定和办法同时废止。”这句话非常重要**。所有制度都要加上这句话，否则就会扯皮。

薪酬手册还包含不少在制度之下的实施细则，如餐饮补贴，每个事业部不一样，每天补多少钱、补贴给谁等。此外，到高原、到井下，还有野外，恶劣环境补贴发放的规定也有一个细则。这个细则是制度的细化。此外，对于销售人员、生产人员各有相应的实施细则。销售人员的薪酬方式非常复杂，并且对应的销售业务越复杂、销售模式越复杂，薪酬设计也越复杂。本书后面的章节将详细阐述销售人员的薪资设计，这里就不展开说了。

六、薪酬管理中的机构与权责

提要：

- 薪酬管理是一把手工程，领导层最重要的是要有决策能力。
- 正确决策有三个要素：决策的动机、决策的能力和信息的对称。
- 要注意将薪酬的决策权、执行权和监督权分别予以落实。

我们说薪酬管理是一把手工程，体现了我们的意愿。**好的领导不需要你来具体设计、细化方案，但是你要有良好的判断能力。**你的下属给你的报告、报表分析出来之后，你能知道这个好，好在哪里？如果下属没有做好，你还要告诉他不足在哪里、哪些没有达到要求、你要什么。

我刚开始当总经理的时候，要求财务人员做公司的财务分析报告。在25年前，我们的财务人员不懂财务分析报告是什么，感觉很困惑。我说："你给我做一个财务分析报告。"他说："什么是财务分析报告？"我拿着一个小册子（我看到的财务分析报告）告诉他："这是我要的东西。比如，不同产品的销售增长情况、毛利情况，不同地区的销售情况、毛利情况，各种费用分析、总体的人均费用情况、人均的产值情况都要告诉我。你把这些我要的东西都写出来，形成书面报告，就是我要的财务分析报告。"后来财务人员做得比我想要的还好。

作为一把手，要具备判断能力。如果一把手没有判断能力，问题就出来了。人力资源总监提供的方案可能是垃圾方案，人力资源总监水平高与低我又不知道，财务总监水平高与低我也不知道，这时我的决策就会出问题。所以，一把手一定要具备判断能力。如果我具备了判断能力，财务总监的压力就大了，人力资源总监的压力就大了。他如果不会做、做不出来，他就要学。人就是怕逼，逼急了就要学，一天做不出来，三天之后就做出来了，坚持学习一个月就上一个台阶了，再过两个月就又上一个台阶了。三日不见当刮目相看，他的能力一年之后一定会提高很多。所谓人力资源管理是**一把手工程，就是考验一把手的判断能力，一把手的决策水平。**

对于一些重要方案，下属要给出两个方案，领导来选。两个方案，下属要说出来A方案和B方案之间的差异、各自的优缺点是什么？当领导这么提出要求的时候，说明领导是在行的。有时候，他能够站在更高的高度，站在所谓的哲学高度，运用事物的规律性来提出要求。下属发现领导不好糊弄的时候，就会好好地做方案，能力就显现出来了。如果领导层不这样要求，企业就会出现下级糊弄上级的情况，甚至操纵上级。

我想问大家，岳飞是被谁害死的？秦桧。秦桧跟岳飞没有上下级关系，他怎么害了岳飞？谁下的赐死令？皇帝，皇帝让岳飞死的。皇帝怎么昏庸到这个程度，下赐死令让岳飞死？是因为秦桧的奏本。秦桧的汇报是假的，或者是一些真信息掺和了一些假信息，真真假假混在一起操纵了皇帝。试想一下，皇帝拥有至高无上的权力都会被下属操纵、玩弄，更何况公司领导。一般来说，下属操纵上司的最有效的手段就是专业知识及不对称的信息，作为上级要有判断能力和完整的信息。

为了透彻理解这个问题，下面我们讲讲决策模式，怎样才能做出正确的决策。

正确决策＝决策动机×决策能力×完整信息

正确决策由三个要素决定，第一个要素是决策动机，动机是善意的、中立的还是恶意的？第二个要素是决策能力。第三个要素是完整信息。作为领导，动机不谈，我们都认为大家是善意的。但是你来批准一个绩效分析报告、批准一个薪酬方案、批准一个预算的时候，你有没有这个决策能力？你的决策能力如果不足，一个好的报告可能被你否了，一个糟糕的报告可能被你批准了，所以判断能力很重要。当然，信息要对称、要客观。**信息有三性：真实性、完整性和及时性，**这是做决策时需要注意的。总之，正确的决策对薪酬管理至关重要。

怎样把决策权、参谋权和执行权落实下去？组织中对于薪酬管理有一套权责分配体系（如图2-2所示）。各部门负责人主要行使建议权，负责对下级加薪和嘉奖的建议。建议要符合公司的制度，或者说在层级上要得到上级的批准。财务部是执行部门，负责薪酬的发放。人力资源部门的职责就复杂一些，一般大公司、大集团的人力资源部至少有三级结构，一个人力资源总监，下面有薪酬经理、培训经理、招聘经理等。薪酬经理下面管着一些专员。在这个情况下，薪酬方案通常由薪酬经理拟定，然后报人力资源总监审核。总监审核通过后，上报分管领导再审核后，报薪酬与考评委员会审批。注意：薪酬与考评委员会是一个董事会下面的专业委员会，它是一个决策委员会，主要负责薪酬制度及方案的审批。日常的薪酬管理，如薪酬执行情况的监督及日常的薪酬决策等由薪酬管理领导小组负责。

部门负责人	负责对下级加薪或奖励的建议，在绩效考核中定指标、打分等。
财务部	负责薪酬的发放。
人力资源部	薪酬制度的拟定部门，薪酬方案的拟定部门，以及薪酬档案的保管部门，负责全公司绩效考评的组织实施，汇总整理绩效考评结果以及考评结果的应用方案的拟定和执行。
薪酬管理领导小组	由公司高管组成，根据薪酬管理制度和董事会的决议，负责薪酬管理日常工作的监督，中、基层员工的薪酬决策等。
薪酬与考评委员会	董事会的专业委员会，负责薪酬制度的审批，公司高管的薪酬方案的审批，以及对薪酬方案实施中的投诉的受理。

图2-2　薪酬管理中的机构与权责汇总简表

通常来说，企业的薪酬管理由这几个部门和机构一起配合。但是，这仅是一个参考。因为在我国不同性质的企业管理权的分配差异很大，不能往一个模式里套。我希望读者将决策权、执行权和监督权三种权责分配区别看待，要有大致的了解。

第三章

薪酬结构设计

一、薪酬结构模板与薪酬单元

提要：

➢ 薪酬＝工资＋激励薪酬＋福利薪酬

作为薪酬设计的一个关键因素，任何一个组织的薪酬都由三部分构成：第一部分是工资，也就是固定的薪资，在一段时间内都是固定的；第二部分是激励薪酬，与员工的个人绩效相关，甚至与员工所在部门的绩效及组织的整体绩效相关；第三部分是福利薪酬，福利也是整体薪酬的一个构成部分。福利最核心的特点是它体现了人性化的关爱。有没有福利？为什么要有福利？为什么法律要规定企业提供福利？这都是基于人性化的关爱。当员工伤病的时候有相关的保险，当员工老了的时候有退休金，午餐吃不好有餐费补贴，交通不便利有交通补助。这都体现了人性化的关爱。

二、工资

提要：

➢ 工资＝基本工资＋岗位工资＋专业技术工资＋技能工资＋工龄工资＋学历工资

➢ 专业技术工资（或技能工资）将技术、知识和能力作为支付工资的依据。

➤ 专业技术工资（或技能工资）除了帮助企业实现员工的多重职业通道、留住高技术人才外，还有利于鼓励员工提升技能水平，有利于企业层级的精简。

工资一般分为基本工资、岗位工资、专业技术工资、技能工资、工龄工资和学历工资。基本工资不能低于法定的最低工资标准。岗位工资，不同的岗位应该有所区别。有的企业没有基本工资，这是因为它把基本工资和岗位工资合在一起了。

还有的企业有专业技术工资或者是技能工资。比如，在企业里有一些技术人员，他不走管理路线，怎么体现出技术人员技术水平的价值，怎么体现出对他的技术水平的认可？最直接的体现就是薪酬和待遇，所以要实施专业技术工资。专业技术人员按他的专业级别、技术级别获得报酬，这样大家都能理解。

专业技术工资的本质是什么？就是为那些不想做管理、不擅长做管理，但是有企业所需的技术专长的人提供一个职业上升的通道，叫专业技术通道。**专业技能工资除了帮助企业实现员工的多重职业通道、留住高技术人才外，还有利于鼓励员工提升技能水平，增加企业的技术实力，有利于企业层级的精简。**这个专业技术通道有别于管理通道，但是和管理通道的级别有一定的对应，这种对应可以有不同的设计思路。

第一种思路，管理通道有董事长、总经理、副总、部长（或总监），技术通道中总工或者首席技术专家可以和副总的薪酬等级一致，工程师可以和部长的薪酬等级一致。有了这个通道，技术人员现在不想做管理者就做技术，也可以从基层到中层再到高层，成为很牛的技术专家，在企业里的待遇可以和副总一样，这是一种比较常见的做法。

第二种思路，如果公司是做科研的，是一个纯粹靠技术吃饭的企业，像软件公司、基因研究公司等高科技企业。在企业里，首席技术专家的重要性不比总经理低，甚至比总经理还要高。如果是这样，薪酬方案怎么设计？**我们可不可以让首席技术专家拿的报酬同总经理一样高**

（甚至更高）？完全可以。必须得这么做。不这么做不足以体现技术专家的价值，不足以吸引对企业的发展至关重要的技术人才。

专业技术工资还有一种做法，有的企业的专业技术工资不作为独立的技术工资级别来设置，而是以体现行政级别差异的岗位工资为主。同时，把技术等级工资作为一种岗位工资的补充方式，附加在管理职位上。比如，陈总和李总先后任公司的技术副总，他们的岗位工资是一样的。但是，陈总的技术职称高一级，李总的技术职称低一级，所以，陈总的职称工资就高一级，当然，陈总担任技术副总比李总工资高一点，这个差异是他们的职称不同导致的。他们的工资是以岗位工资（副总）为主，职称工资所占的比重不大。也就是说，不管是什么层级的技术岗位，其技术职称工资都是作为管理岗位工资的附加。同样官职的人，岗位工资是一样的，但是，有的技术职称高一点，有的技术职称低一点，他们的职称工资就不同，技术职称高一点的人工资就多一些。需要注意的是，这种薪酬方案不同于纯粹的技术工资方案，各个技术等级的薪酬在技术工资上的差别没有那么大，而是以管理级别为主、技术工资为辅，这也是一种做法。

还有一种情况，有的人管理能力很强，技术也很牛，是双料人才，这类人的薪酬是按管理岗位薪酬算还是按照技术薪酬算。**这就由双料人才自己做选择，愿意走技术路线还是走管理路线。**公司主要提供平台，个人有选择的权利。我是人才我怕谁，有能力任性，可以任性，**如果公司搭建的平台能为那些有能力的人提供任性的机会，公司就成功了。**我们就怕公司搭建的平台让那些捣乱的人任性，没有约束，让那些能干的人没法任性。所以，我们的薪资设计要给这些人才任性的机会。

注意：在设计专业技术工资或技能工资时要注意什么？要注意评定标准和测评工具的科学性。如果评定标准和测评工具不科学、不合理会导致什么结果？有的人技能等级很高，但是没有能力，不能给企业创造价值，我们要避免这种情况。

技能工资不是针对专业技术人员的，是针对作业人员的，这是两个概念。什么叫专业？法务是专业对不对？财务是不是专业？人力资源也是专业吗？这些都是专业，而技能属于操作层。比如，各类工人有焊接的技能、有开挖掘机的技能。技能工资和专业技术工资道理是一样的，只不过技能级别对应的工资可能更低一点。为什么德国和日本的制造业在全世界这么厉害？一个重要原因是技术工人有地位、待遇高。干活的人没地位、待遇低，这是有悖发展规律、有悖常理的。干活的人，直接产生效益的人应该有地位，这是理念问题。

至于工龄工资和学历工资，这两个可有可无。如果有，为什么要有？工龄工资主要鼓励大家在企业多干几年，随着工龄的增长而增加。如果没有这个意图，就可以不设置工龄工资。设置学历工资背后的原因是什么？鼓励高学历。为什么会鼓励高学历？促进员工学习，其实这是我们的一个假设。当我们鼓励高学历的时候，有一个假设，员工的学历与能力有一个对应关系。如果他的学历更高，对应的能力不见得更强，那么就不设学历工资。

三、激励薪酬

提要：

➢ 激励薪酬包括：提成+绩效薪酬+奖金+分红/股权+收益/利润分享等等。

➢ 奖金要体现组织的战略意图和价值取向：公司注重什么、主张什么、鼓励什么。

➢ 奖金发放要注意：明奖与暗奖结合，奖惩适度，奖励及时。

激励薪酬主要包含提成、绩效薪酬、奖金、分红/股权、收益/利润分享几种类型。提成、绩效薪酬、收益和利润分享几项在后面章节单独讲，本节主要说一说奖金的设计。

企业里有许多不同的奖金类型，比如，管理创新奖、技术革新奖、节约奖、质量奖等专项奖。管理创新奖主要激励管理上的新思路、新方法，这些创新点要合理、合法。技术革新奖当然是针对技术创新，针对项目工作的激励有项目奖金。还有年终奖，年底发一次，通常和整个公司全年的业绩挂钩。全勤奖鼓励员工按时出勤，特别贡献奖针对特定的事情给予及时的奖励。还有其他奖项，如销售能手奖、总裁特别奖、客户满意度奖、安全生产奖、尾款及时奖、班组奖、超额完成任务奖、创新设计奖、达标奖、精神文明建设奖等。

思考：企业在设计奖项时应该遵循什么原则

奖项设置应该体现企业的战略意图及一个组织的价值取向。奖励一定要符合这个原则，我们重视什么就奖励什么。

奖项设置最终是以制度的形式体现的，而制度具有强制性。**我们要通过制度的设计与执行把公司重视的东西变成员工的行动，重视什么就奖励什么。**大多数企业都会重视两个方面：一是战略达成；二是组织的价值取向。所有支撑战略达成的行为都可以通过设计奖项支撑，如质量提升、成本降低、客户满意等。企业最重要的价值取向就是企业的核心价值观，比如，某企业的核心价值观是诚信、敬业、专业、合作，是这家企业文化的灵魂。如何铸造企业文化？如何扭转组织风气？答案就是制定相关的奖惩制度奖励所有“诚信、敬业、专业、合作”的行为，惩罚相反的行为。强化企业的核心价值观，奖惩制度所发挥的作用是至关重要的，**我们通过奖惩制度的设计，可以把企业的核心价值观转变成员工的行动。**

知识拓展：企业文化的作用是什么

谈到文化的时候都会想到，文化的力量有时候是非常巨大的。我记得第一次到云南旅游，去了一个很偏远的地方。这个地方有一座大教堂，当时我很震撼，这么一座大教堂坐落在这样一个偏远的山区里，是怎么建成的？是谁跋山涉水运输砖石建起教堂的？我跟当地人聊天，去寻找答案。当地人说："这个教堂是19世纪一个传教士建的，他十几岁就来到这儿，一直到死，就做了这件事——终其一生建了一个教堂。当时这个传教士到处化缘、传道，花了几十年的时间把这个教堂一点一点建起来，最后死在这儿。"有宗教信仰的人愿意用全部生命建一座建堂，信仰的力量多么巨大。

文化是什么？文化是信仰，文化是灵魂。有力量的文化会让组织变得非常强大，而且这里最重要的不仅仅是组织有多强大，而是组织里的人有多幸福。人们愿意这样做、心甘情愿这样做，幸福指数就高。作为一个组织，拥有一个正向文化，对组织、对整个社会、对员工都是必不可少的。

中国的企业要想成功，没有强大的文化不可能发展到上万人的规模，想都不要想。**小企业靠个人；中型企业靠个人+制度；大企业靠个人能力+制度+文化**。大企业没有正向的文化根本发展不起来。很多人认为文化很空、很虚、很神，其实文化很具体，是有结构的。

文化的结构是什么？ 有一个模型叫金字塔模型。金字塔模型有四个层级：**最高层级也就是塔尖，是精神层，它是文化的灵魂**。精神层包含企业的使命、企业的愿景、企业的核心价值观。企业文化是在使命和愿景指导之下构建起来的核心价值观。在核心价值观基础上，有的企业会推导一些理念体系，像服务理念、产品理念、研发理念等。

有了核心价值观后，怎么把企业的核心价值观变成大家的行动呢？**这就得靠企业文化的第二层——制度层，也就是说，要有配套的制度**。这些制度支撑着企业的使命和愿景，支撑着企业的核心价值观，支撑着精神层。没有制度怎么办？或者制度建立起来后，跟精神层冲突了，我们应该怎么做？做一些调整。这就是文化建设的一个过程。比如，企业的核心价值观是诚信、敬业。与此对应，企业就应该有相关的制度、实施细则、行为规范等标准体现核心价值观。如果按照这些标准做得好就要奖励，做得不好就应该有一定的惩戒。这就是企业的精神层和制度之间的关系。**这个关系是不是有冲突？制度层是不是对精神层有保障？这**

是问题的关键所在。

我经常做一个比喻：**精神层就是企业文化的灵魂，非常缜密、滴水不漏，就像一个塑料袋。我把制度比喻成铁丝网。塑料袋的特点是什么？滴水不漏。但是塑料袋的问题在哪里？容易坏、容易破，经不起折腾。而铁丝网的优点是什么？结实。但是铁丝网如果没有塑料袋把它兜住，就到处都是漏洞了。制度永远都有漏洞，当企业风气不好的时候，很多人钻制度的空子。**所以，两者缺一不可，一个是精神的，一个是制度的。有铁丝网的保护，精神层才能变得强有力。同样，制度依托于精神层才能变得滴水不漏。也就是说，铁丝网要和塑料袋配合好，这样，文化才能固而不漏。

文化金字塔的第三层叫行为层。比如，一把手的行为、各级干部的行为、模范人物的行为。我们为了做好文化建设，经常组织各种各样的活动，目的是鼓励员工团结、诚信、敬业。也就是说，所有人的行为，从一把手到中层的行为都是可以管理的。如果他的行为违背了企业的核心价值观，就要受到相应的惩罚。这种惩罚可能在制度里有这样的规定，也可能在制度里没有这样的规定，而是领导的行为。领导者发现员工有不团结的现象就要重视，这是红线。如果企业员工有不诚信的情况，触犯了底线，触犯了核心价值观，就要受到惩戒。比如，写一次检查，在全体大会上公开检查。

文化建设要有精神层，要有相应的制度、规范配合，要有行为。企业要树立一些模范。树立这些模范的用意是什么？给核心价值观做表率。不符合核心价值观的人不能作为模范，否则容易带坏企业的风气。全世界的事情说穿了都是一样的，都讲人情、讲感情。但是你的行为一定要符合整个企业的核心价值观。真正有出息的人，有背景也不用，靠本事吃饭，珍惜每次机会。特别聪明的人又肯下功夫，这就是能人，这就是有出息的人，有机会就是他的机会，所以路在自己的脚下。

企业文化金字塔最底层是物质层，或者叫表层。这里说的是企业物质层的东西要符合公司的理念，符合公司的核心价值观。比如，根据核心价值观推出产品理念，产品就要符合这个理念。公司的装修、服装、口号、LOGO，所有看得到的东西都要符合精神层，这样，整个文化体系就出来了。

在文化体系中，狭义的文化指的就是精神层。文化和制度要结合，文化要保证人的灵魂，指的就是精神层。广义的文化就是文化金字塔的四个层次。我们经常说文化铸造，铸造文化的过程就是提炼出企业的使命、愿景、核心价值观等理念体系。提炼出来后做什么？做制度审计或者叫作文化审计，这个文化审计就是看制度是否支撑精神层。然后要有行动，各种各样的活动。比如，有的企业每天早上都要组织一次活动，办一个5分钟或10分钟的仪式。仪式是铸造文化的。宗教怎么铸造文化？每天吃饭之前要祷告，这是一种仪式。每个星期要到教堂做礼拜，这也是一种仪式。这种仪式与行为是有教规的，教规是由什么支撑的？他的使命、愿景和核心价值观。

文化对企业来说特别重要，尤其对国企。国企人才济济，但是管理难度很大。很多人有10分的才华只发挥了2分，拿1分半的钱，存在诸多抱怨，这就是国企的现状。如果10分的才华，不说发挥出10分，发挥出来9分，基本上把才华发挥出来，拿12分的钱，多牛。因此，国企一定要建立具有正能量的文化，形成良好风气，这样才能发挥出人才的价值，创造出更好的效益。

综合效益奖（年终奖）的几种模式

年终奖怎么发？很不容易。可是有些小企业很随意，常见的模式：第一种，大家拿的都一样；第二种，根据级别，这种模式也有一定的道理，它假设我们的级别体现了贡献度；第三种，与绩效考核挂钩，我认为这种模式最好。每个人的奖金由三个因素决定：

（1）本人的工资水平，其他条件一样的情况下，工资高的人年终奖可能更高。

（2）公司的效益，公司的效益好坏决定了奖金高低。

（3）个人（或再加上部门）的绩效考核结果。你达到了目标，就给比较高的年终奖，超额完成给的更多。这种模式与绩效考核关联起来，更能激发员工的工作积极性。

年终奖与绩效考核关联的方式，一般来说有三种：

第一种方式，N（可能是1，2，3……）×个人月工资额。N到底是多少，由公司的业绩决定。

也就是说，根据公司的效益情况，公司效益越好，大家发的年终奖越多。以每个人的月工资为基数，根据公司的业绩拿N月的工资。如果公司的效益特别好，可能大家能拿12个月的工资作为年终奖；如果公司的效益不好，可能每个人就拿1个月的工资作为年终奖。这种年终奖的发放方式和公司的业绩挂钩，和个人的月工资标准挂钩。它基于一个假设，即员工的月工资定薪是合理的，基本上能体现大家的贡献度，这种年终奖的发放方式操作起来比较简单。在以美国为首的发达国家，像微软、英特尔，还有硅谷的很多公司都这么做，因为这些公司的薪酬本身就是合理的。

第二种方式，N（可能是1，2，3……）×个人月工资额×k（个人绩效系数）。

比第一种稍微复杂一些，年终奖由公司的效益及个人的绩效决定，年终奖=N个月的工资×k（个人绩效系数）。和第一种方式一样，N的值由公司效益决定，并且这种年终奖发放方式考虑了个人绩效因素。在张三、李四月工资一样的情况下，个人绩效优秀的人年终奖拿的多一点，绩效差的人拿的少一点（这里也做了一个假设，就是绩效考核本身没有问题。如果绩效考核有问题，这个年终奖的发放方式就不合理，所以先把绩效考核做好）。

第三种方式更复杂，年终奖=公司效益奖金总额度×个人效益奖金分配系数（本人年度薪酬基数×本人年度考核系数）/∑（参与年度效益奖金分配个人年度薪酬基数×个人年度考核系数）。公司效益奖总金额度指的是公司根据效益情况，准备拿出多少钱做年终奖的分配，这是一个总额。凡是参与分配的人，每一个人都做分母，这个分母怎么算？其实很简单，累加每个人的年度薪酬总额乘以他的年度考核系数作为分母。而分子，比如算张三的年终奖，就拿张三的年度薪酬总额乘以他的年度考核系数。这个方式便于企业把公司效益同年终奖的总额直接关联，同时考虑到员工的当前工资基数和员工的年度绩效考核情况。

奖金发放的注意事项

第一，注意明奖和暗奖结合。如果把公开的奖励叫明奖，不公开的奖励就是暗奖。有的奖不一定要告诉大家给谁多少钱，可能知道一个人名，但是不知道拿多少钱，这是允许的，因为这个奖励里面可能牵扯很多复杂的关系。

第二，奖惩要适度，不要太多也不要太少，太少了不起作用，太多了也有问题。

第三，奖惩要及时。赏不逾时、罚不迁列是什么意思？就是奖赏不能错过时机，惩罚不能等到士兵离开队伍后再去执行。只有及时奖惩，才能使员工迅速看到做好事的利益或是做坏事的后果，留下深刻的印象，达到奖惩的效果。

四、福利

提要：

➢ 企业福利又叫福利薪酬，包括：社会保险＋公司福利＋特殊福利。

企业的福利包含社会保险、公司福利和特殊福利三个部分。下面，我们先看一个范例。

案例2：某国企的薪酬福利制度（节选）

第一章　总则

第一条　目的和依据

为了制定适合市场化运作的分配体系，激发员工活力，共同分享某中心（集团）（以下简称中心（集团））发展所带来的收益，把员工个人业绩和中心（集团）整体业绩有效结合起来，促进员工价值观念的归合，建立吸引人才和留住人才的良好机制，推进中心（集团）总体发展战略的实现，根据国家有关法律、法规，制定本管理制度。

第二条　适用范围

本管理制度适用于中心（集团）总部全体在编员工。

第三条　薪酬分配依据

薪酬分配的依据是中心（集团）效益、岗位价值、员工工作能力和业绩，参考当地社会平均薪酬水平和行业平均薪酬水平、劳动力市场的供求状况、生活物价水平。

第四条　薪酬分配原则

薪酬作为价值分配形式之一，遵循竞争性、激励性、公平性和经济性的原则。

（一）竞争性原则：在薪酬结构调整的同时，参照外部市场，适当调整中心（集团）薪酬水平，保持中心（集团）薪酬水平的外部市场竞争力。

（二）激励性原则：打破工资刚性，增强工资的弹性，通过绩效考评，使员工的收入与中心（集团）业绩和个人业绩紧密结合，激发员工积极性。

（三）公平性原则：薪酬设计重在建立合理的价值评价机制，在统一的规则下，通过对员工的绩效考评决定员工的最终收入。

（四）经济性原则：中心（集团）人力资源成本的增长幅度应低于总利润的增长幅度，用适当工资成本的增加引发员工创造更多的经济增加值，实现可持续发展。

第五条　薪酬分配特征

（一）市场化：按照市场化的岗位价值水平给付薪酬。

（二）可计量性：与员工薪酬相关的因素尽量量化为工资数额，并与绩效考核挂钩。

（三）可预期性：员工根据其所在岗位性质、个人工作努力程度和工作业绩，可预期到个人的年总收入。

……

第三章　薪酬结构

第一条　薪酬结构

员工薪酬结构整体上包含下列薪酬项目：

（一）固定薪酬：岗位工资。

（二）浮动薪酬：月度奖、年终奖。

（三）福利薪酬：社会统筹保险、公积金、各类补助和津贴等。

第二条　岗位工资

岗位工资属于岗位基本薪酬，固定发放给员工。

月度岗位工资 = 薪酬基数 × 薪酬系数

（说明：

薪酬基数：公司里所有的岗位中薪酬最低的那个数，在薪酬系数表中以这个最低的为基数，比如1800元。

薪酬系数：每个岗位的工资都比薪酬基数高若干倍，就用薪酬系数表示，比如11.4，说明这个岗位的工资是薪酬基数的11.4倍）

第三条　月度奖

月度奖是薪酬结构中的浮动部分，与岗位工资的基数一样，即：

$$月度奖 = 月度浮动薪酬 \times 绩效系数$$

月度奖与部门和员工的考核结果挂钩，计算公式详见《中心（集团）绩效管理制度》。

第四条　年终奖

年终奖是为员工共享企业经营成果而设立的奖项。年终奖基数由中心（集团）董事会根据上一年度年终奖基数、今年效益增减情况及公司“两低于”原则确定。

年终奖与个人及部门年度考核结果挂钩，按年度发放，计算公式详见《中心（集团）绩效管理制度》。

第五条　福利

福利是中心（集团）正式在编员工所能享受的一种福利待遇。有以下几部分：

（一）法定福利：包括住房公积金、养老保险、医疗保险、失业保险，工伤保险、生育保险。由中心（集团）和个人各承担一部分，按照国家、省、市的相关规定执行。

（二）津贴、补助：包括××会议补贴、××服务津贴、××特别津贴、福利补助、交通补贴、高温补贴、保密津贴、医疗津贴、计划生育津贴、三优补贴、洗理补贴、住房补贴、工龄津贴、专业技术资格补贴。

1. ××会议补贴：每届××期间（35天）每人每天60元，根据考勤在××后发放。

2. ××服务津贴：每届××每人4000元，根据考勤在××后发放。

3. ××特别津贴：适用于一线劳动强度大、加班时间长、工作环境差的特殊岗位（具体岗位见附表），每届每人1000元。

4. 福利补助：按管理级别发放，基层管理者及普通员工每人每年2000元，中层管理者（部门正副职）每人每年3000元，高层管理者每人每年4500元。

5. 交通补贴：每人每月 600 元。

6. 高温补贴：每年 6 ~ 10 月（5 个月）发放，普通岗位每人 100 元，高温岗位每人 150 元。

7. 保密津贴：适用于办公室保密管理岗位人员，每人每月 150 元（根据国家相关规定相应调整）。

8. 医疗津贴：适用于在编员工，35 岁以下的员工每人每年 4500 元，满 35 岁但不满 45 岁的员工每人每年 5400 元，45 岁及以上员工每人每年 6300 元。

9. 计划生育津贴：中心政工部门专职/兼职计划生育管理岗位每月 150 元（具体标准可根据国家相关规定相应调整）。

10. 三优补贴：适用于领取独生子女证且子女不超过 14 岁的员工，每人每月 5 元。

11. 洗理补贴：每人每月 300 元。

12. 住房补贴：依照广州市有关规定依照行政级别补贴发放。

13. 工龄津贴：以视同本中心（集团）连续工龄为准，一年工龄每月津贴为 25 元。

14. 专业技术资格补贴：初级技工职业资格员工每月 100 元，中级技工职业资格员工每月 150 元，助理级专业技术资格、高级技工职业资格员工每月 200 元，中级专业技术资格、中级技师职业资格员工每月 300 元，高级专业技术资格、高级技师职业资格员工每月 500 元。

……

福利的本质是什么？体现人性化关爱。福利大致包含几类：第一，社会保险；第二，公司自身的一些福利；第三，特殊福利，针对特殊的现象或者特殊的群体。无论是哪个类别的福利，一定体现了人性化的关爱。

思考：为什么要有福利

第一，减轻员工赋税的负担，因为工资要收税，从合法避税的角度减轻一些赋税。

第二，福利对企业外部的人有吸引力，对企业内部的人有凝聚力，可以增强员工留任的意愿。

第三，集体采购会带来价格上的优惠。整个公司购买服务或者产品有价格折扣。

第四，最重要的是体现了人性化的关爱。

第五，一些福利项目有国家相应的法律法规支撑。

具体的福利项目有哪些？

首先，有保险福利，像工伤保险、养老保险、医疗保险，这是国家的劳动法律规定的，具有强制性。

其次，有补充性的福利。比如，失业保险、病假、休假和节假休息日、遣散费、创业补贴等。失业保险在人没有工作的时候，从经济上到精神上都是非常糟糕的阶段，所以给这个保障性的福利。工作很辛苦，健康受影响，所以有休假的福利，让人有时间放松身心。人生病的时候有病假的福利，给假期养好身体。这些都是补充性的福利。此外，有退休福利，这是属于公司的福利，公司给出的养老方案。每个月存一些钱在员工的养老账户，有的甚至帮助员工用这些钱做一些投资，以求保值或者升值。这样员工退休后就有一笔钱用来养老。还有公司提供给员工的服务福利，针对员工个人的服务，在美国、日本等发达国家比较普及。下面给出的某外企的福利方案就充分体现了这一点，这个方案仅供大家拓展思路。

案例3：某外企福利方案

1. 带薪假期：

（1）与工龄和职位相关。

（2）只要直线经理批准，可以在任何时候休假。

（3）鼓励当年休完当年的假；如果不能休完，经批准最多可以推移10天假期至下一年。

（4）工龄1年以上的员工结婚，可额外获得一周的婚假。

工龄（年）	MD	VP	All others
1	5周	3周	2周
2～5	5周	4周	3周
5～10	6周	4周	4周
10～25	6周	5周	4周
大于25	6周	6周	5周

2. 个人假：每年3天。

3. 离岗：须事先批准，可以保留雇佣关系。

带薪	
收养	小于等于2个月，可增加1个月不带薪 5000元收养费用补贴
丧事	直系亲属（配偶；本人或配偶的父母、祖父母、子女、兄弟姐妹） 时间长短符合逻辑
陪审团	如果提前结束，提前回公司
怀孕	4个月
后备军役训练	训练日程必须尽早交给经理以便安排

不带薪	
家庭/健康	工龄大于1年的员工，至少提前30天申请。不超过3个月：照顾婴儿、生病家人……
参军	
个人原因	小于等于3个月

4. 晚餐：如果工作超过晚上 7 点，并且超过 12 小时，公司负责晚餐；报销上线 20 美元，或者可以到公司食堂吃晚餐。

5. 高级私车服务：员工加班可以使用公司的高级私车服务。平常：纽约市内，晚上 8 点以后；其他地方，晚上 9 点以后可以坐车回家。周末：可以坐车来公司及回家，或者可以选择 75 美元用于来回车费和餐饮费。

6. 慈善捐赠：如果工作 1 年或以上，你捐钱给（合格的）学校（大学、中学、小学）25～2000 美元/年，公司也将捐一样的钱。

7. 按揭/贷款：可以选择与公司建立关系的银行，手续简便、快捷，价格也有竞争力。

8. 银行重要顾客：在与公司建立关系的银行开户，可免费享受重要客户待遇（享受免服务费、年费等优惠）。

9. 股票买卖：通过公司买卖股票，免手续费。

10. 员工个人服务：针对本人的忧郁、紧张、不安等心理问题，婚姻问题，子女问题，毒品、酗酒问题，其他家庭、经济和工作问题，你、你的直系亲属，以及和你同住的亲属都可以享受此服务。1 年 5 次心理咨询，公司出全部费用。

11. 奖学金：

子女：至少工作 1 年的员工的子女，每年 6 个名额，根据学习情况和经济状况，每年发奖学金 2500～4000 美元。

子女/配偶：至少工作 1 年的员工的子女或配偶，大学 4 年级，每年 4 个名额，根据学习情况和经济状况，奖学金金额 7500 美元。

员工：至少工作 3 年的员工，两年内完成在岗 EMBA（或其他管理硕士学位），奖学金将支付所有学杂费。

12. 学费补偿：公司鼓励员工继续学习。如果满足条件可享受学费补偿：全职员工、经经理批准、必须是本科或研究生课程、当拿到学位时仍是公司员工。学费补偿根据分数而定（A、B 100%，C、C+ 50%，C－或更低没有补偿），每学期最多补偿 8 个学分的学费。

13. 健康/牙保险：本人、配偶、子女可以享受。公司/个人分担，根据所选的险种和个人年度总薪酬（5年的平均数）而定。

14. 短期残废险：公司承担所有费用（26周基本工资）。

15. 人寿险：

基本险：公司承担所有保险费，年度总薪酬（5年平均数）的1.5倍。

额外险：个人承担，根据所保的数额和员工年龄而定。

16. 健康中心：公司健身俱乐部补贴，免费营养、运动、保健讲座，验光，验血，配药，因公出差注射免疫，血压测量，休息室。

17. 子女中心：临时、紧急情况可以把小孩带来。

这个案例是某外企的福利方案，它的第一项是带薪假期，带薪假期在中国还没有普遍实施，是我们需要改进的地方。在这个方案中，带薪假期是和工龄、职务相关的。工龄有1年、2～5年、5～10年、10～25年及25年以上的区分；职务上，执行董事（MD）、副总裁（VP）和其他人员又有所区分。可以看出，职务高低差异没有那么大，而工龄的差异更大，体现了福利的普惠性和对老员工的关爱。

第二项，个人假的特殊之处在于请假的时候不需要写请假条，只需要打电话给老板，告诉他要用个人假，老板是不会问原因的。员工因个人特殊原因休假时，这样的假期有助于员工的隐私得到充分保护。

第三项是离岗，分为带薪的和不带薪的。收养一个小孩，或者办丧事，或者做陪审团，或者怀孕等，都是可以带薪休假的。这个规定有很多有趣的地方。比如，丧事请假的时间就很有意思，时间长短没有规定。我问他们："实施丧事假期的时候到底给几天？"他们的回答："只要你符合逻辑，符合常识就会批。"符合常识什么意思？就看你家在什么地方。如果我家在陕西的汉中，就可以推算：我从纽约飞到洛杉矶需要花4个小时，中间转机花3个小时，然后从洛杉矶再飞到北京需要花12个小时，到北京又转机到西安花了3个小时，到了西安之后再到宝鸡坐长途车要花多长时间。你还可以说，我到家之后倒时差要1天的时间，这都是符合逻辑的。按照我们的风俗，办丧事需要守7天，这也是合理的。守了7天之后，我得用2天时间宴请亲属。

你只要符合这个逻辑，写清楚为什么要请19天假。公司不会核实，相信你。但是相信你的同时，这个请假条已经记录在案了。如果哪天发现你说的是假的，你就丧失了信用，大家就会对你产生怀疑。公司今后在用你的时候，就会认为不太踏实，不会重用你。所以这家公司是以这样一个逻辑去做丧假规定的，丧假时间的不限定充分体现了人性化的关爱。在中国这样做很难，很多人做不到诚信。所以，一个好的制度在不同的国度、不同的区域实施的时候，效果差异很大，关键还得看总体人员素质。**我一直在说管理的提升就做两件事：一是系统的搭建，二是人的素质提升。**就像人的两条腿，要同时走路，相辅相成，互相促进。

在这家外企的福利项目里，还有一个让我印象比较深刻的——不带薪的离岗。比如，由于健康原因允许你离职，但是不带薪，做了一个时间规定。还有一项个人原因，我认为这个比较有意思。美国人强调人性化，当然有先天的条件，这家企业综合效益比较好，整体素质很高。个人原因请假是说有一些自己不愿意说的原因，你可以离岗，不拿工资。你跟公司说："世界这么大，我想去看看。"可以，你最多离岗3个月。只要你在这个假期时间内，按程序走就行了，公司是允许的。在你很疲劳的时候，或者在身体状况不太好的时候，你可以请这个假。

慈善捐赠的福利也比较有趣。比如，员工给母校捐了1万元，公司等额地再捐赠1万元。如果员工资助某个小孩上学，每个月给他500元，公司就再给这个小孩补助500元。公司鼓励员工对社会行善，鼓励这样的慈善行为。

公司规定，员工如果有忧郁、紧张、不安等心理问题，或者婚姻出了问题，正在闹离婚，或者子女之间有问题，或者个人有毒品、酗酒的问题，或者经济上出问题了，或者另一半的工作出问题了，你可以享受这个服务。什么服务？就是一个心理咨询，每个人一年有五次机会。不仅你可以享受，你的直系亲属，还有和你同住的亲属都可以享受这个服务，1 年 5 次心理咨询，公司买单。这项福利设计的逻辑是什么？跟你同住的亲属，他的精神问题会影响你的工作。我又问了一个非常中国化的问题，很多时候我找一个根本就不是同住的亲属去咨询，公司怎么证明？公司说，他们相信员工不会这样做。这些都是基于美国这个社会人与人之间信任的基础上的。

还有其他福利，包括子女、配偶的奖学金，还有员工自己修学位。员工修学位，公司给报销学费。报销的根据是什么？根据你的成绩，如果是 A 和 B 的成绩，就 100% 报销；你如果只拿了 C 或者是 C + 的成绩，只报一半；如果你拿 C - 或者更低的成绩就没有报销。公司鼓励好学的人学习，让学习好的人没有负担，这是值得我们思考的。

公司还给员工主动购买一些健康保险、牙医保险还有人寿保险，因为公司认为这件事很重要。我们的一个老师在美国，晚上骑自行车的时候被一辆车从后面撞翻了，撞翻了之后人跌到沟里面，自己什么都不知道。他醒来的时候已经在医院里了，总共缝了九针。他当时没有买保险，公司给买了保险。如果没有保险，公司和他恐怕都有负担。因为他是下班的路上被撞了，公司有责任。另外，他自己也有责任。如果没有保险，恐怕他个人负担医药费就要破产了。

最后一项也比较有意思。如果员工有子女没有人带，可以带到公司，公司有专门负责帮你照顾小孩的护士。另外，家里的宠物也可以带过来。允许带宠物到公司的逻辑是：在你的心目中宠物很重要。这也体现了人性化的关怀，想员工之所想，非常周到、体贴。

这个福利方案虽然比较超前，我们不能完全套用，但是它有一定的借鉴意义，能够帮助大家从理念的层面对福利这种人性化的关怀有一定认知。

弹性福利计划（自助餐式福利）

企业福利管理有一个趋势，叫弹性福利或者叫自助餐式的福利。每一个人的福利需求不一样，福利偏好不一样，众口难调。公司怎么做才能满足所有员工的需求？比如，公司提供一个职业生涯规划指导的福利。如果某位员工 50 岁以上，他对这个福利可能感兴趣吗？估计不感兴趣。谁对这个福利最感兴趣呢？年轻人。所以，**福利的偏好与年龄相关。**

我在一家日资企业做了 4 年多的顾问，这家公司在日本有针对即将退休员工的培训。对于 50 岁左右的员工，他们提供为期一周的培训。培训什么？——员工退休之后，退休生活怎么办？而对于 57 岁左右的员工又有一个培训，这个培训的时间就长一点，差不多四周的时间，培训的内容是绘画、高尔夫、打游戏。这样的培训福利对年轻人没有吸引力，但是对即将退休的员工很有吸引力。

是什么因素决定福利的偏好？**性别、经济条件、婚姻状况、家庭状况，这些因素都决定着员工的福利需求。**

在深圳有一个现象：一些外贸公司都是女员工，基本上没有男同事，很多女孩都没找对象；而在一些 IT 企业，男员工特别多，也找不到对象。这些 IT 男天天晚上只能在家里做软件，计算机就是他们的老婆。这时，企业举办一些联谊活动，让这些单身的人有机会找到对象，就能解决这些员工的需求。而对于已结婚的人，联谊活动就不需要了。

我曾经遇到一个小企业，老板给了员工一个承诺：公司销售收入超过 1 亿元的时候，公司所有员工到海南旅游 5 天。这个目标有一天终于实现了，老板组织全员去海南旅游。但是有一个员工有问题，不敢跟老板说就跟我说："曹老师，现在家里特别需要钱，我能不能不去了？公司把这份钱给我。"我说："恐怕不行，全公司的人去旅游你不去？"他说："哪怕打八折也行。"我说："我问一问老板，因为团队旅游有几个不同的意义：有的是福利性的旅游，还有的是为了团队建设，用意不同老板的想法也不一样。”然后，我给老板打电话问这件事怎么办，老板说同意。我说：“你同意这件事得给一个解释，你为什么同意？你说这是一个以福利性为主的旅游活动，所以就允许他请假。”最后，公司把这个员工旅游的费用都按照实际的人均费用给了他，这件事的处理就体现了个性化的关爱。也就是根据你的家庭经济情况灵活满足你的需求，提供个性化的福利。

怎样才能让企业的关爱获得员工更高的满意度？在福利管理中，企业应该充分做好员工的福利需求调查，根据员工的年龄、性别、经济条件、家庭状况等因素为员工提供个性化的福利，以满足员工不同的偏好。现在很多企业甚至建立起员工的福利需求数据库，提供多种多样的福利项让员工自己选择，以实现福利的个性化管理。这些企业已充分认识到，只有个性化的福利设计才能帮助公司在福利投入上有的放矢，获得更多的福利收益。

有趣的补贴

一般来说，补贴有福利性的补贴、业务性的补贴、激励性或者补偿性的补贴及成本补贴。

福利性的补贴包含餐费补贴、交通补贴等，具有普惠性质，是企业员工都可以享受的。业务性的补贴一般根据工作的实际需要而提供，比如，通信费补贴、用车费用补贴。激励性或者补偿性的补贴往往适用于那些到恶劣环境中工作的人。比如，公司在深圳，要派遣人到青海工作 3 个月，谁都不愿意去。都不愿意去的情况下，公司给一些补偿性的补贴。这个补贴的数额取决于大家心里面的承受情况，如果企业年轻人很多、单身的人很多，这些年轻人出去几个月可能没有问题。但是如果企业的员工基本上都是已婚的、都是有孩子的，压力就很大。公司的风气也是一个影响因素，如果大家认为为了公司的效益，个人做一点贡献没有关系，公司方也不亏待“雷锋”，就能形成双赢的局面。所以，**补偿性补贴的数额确定要综合考虑多种因素，如家庭关系、整个公司的风气、派遣地的消费水平等。**

成本补贴可以纳入前面三种补贴里，也可以单独发放，比如，午餐费补贴、差旅补贴、井下作业补贴等。比如，公司要派人去香港工作，大家都愿意到香港工作。但是公司说半年时间吃、住、行费用都由自己负责，谁愿意去？没人愿意去。在这种情况下，公司承诺包住，每个月补贴3000元作为餐费补贴，这些补贴就叫成本性的补贴。给这个补贴的时候，公司就要计算，保证员工在两地生活水平相当的情况下，应该给多少补贴合适，这里考虑的就是生活成本。

这几类补贴也是薪酬福利管理的一部分，所以此处单独作为一节予以说明。

第四章

薪酬水平设计的四维模型

我们提到薪酬设计主要做两件事：一是薪酬结构设计；二是薪酬水平设计。本章主要从以下五个方面介绍薪酬水平设计。

（1）决定薪酬水平的四维模型——岗位。

（2）决定薪酬水平的四维模型——个人。

（3）决定薪酬水平的四维模型——企业。

（4）决定薪酬水平的四维模型——外部环境。

（5）薪酬调查。

首先，我们来看看决定薪酬水平的四维模型（如图 4－1 所示）。在这个模型中，有四个维度的因素影响着薪酬的水平定位。第一个维度是岗位，不同的岗位收入不一样；第二个维度是个人，同一个岗位不同的任职者薪酬有所区别；第三个维度是企业自身的情况，包括企业不同的发展阶段的战略定位、企业规模、所在的行业，不同的企业根据企业的具体情况有不同的薪资定位；第四个维度是外部环境。

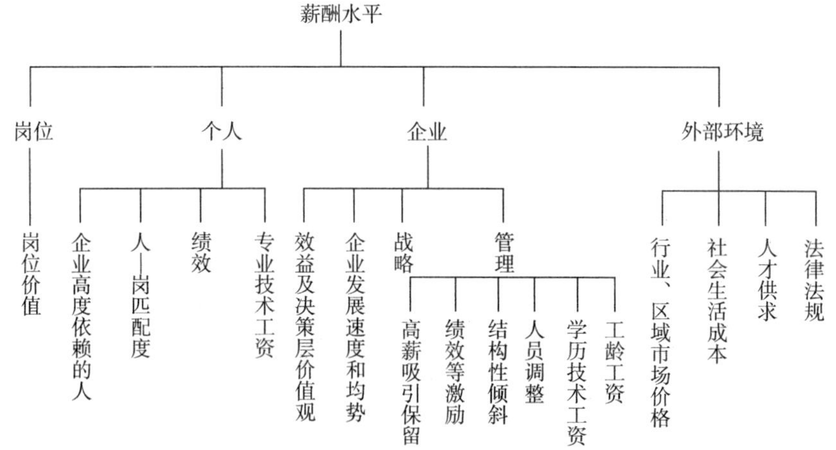

图 4－1　决定薪酬水平的四维模型

一、决定薪酬水平的四维模型——岗位

提要：

➢ 通过岗位价值评估（又称为岗位评价）衡量企业各岗位的相对价值，解决薪酬的内部公平性。

➢ 岗位评价的对象是“岗位”，而不是在岗位上“具体的任职者”。

➢ 在岗位评价的过程中，要注意评委与评价模型的选择及对评价过程的掌控。

企业里不同的岗位，薪酬水平也有区别。各个岗位的相对价值如何确定呢？方法是通过岗位价值评价，主要目的是解决薪酬的内部公平性。在做岗位价值评价时，**我们要注意：第一，岗位评价的对象是“岗位”，而不是在岗位上“具体的任职者”，所以不能考虑人的影响因素。第二，岗位评价是岗位相对价值的衡量过程，不是绝对价值。**评分结果反映企业内部各个岗位的价值差异，而不是具体的薪资额度，因为具体的薪资额度还需结合市场薪资水平设计。

岗位价值评价在国企的实行难度比较大，对于从事业单位转制而来的国企，难度更大。这样的单位已经习惯按照行政级别构建薪资体系，同一个行政级别的员工薪资通常一样。岗位评价之后，可能不同部门相同行政级别的岗位评分有所差异，员工就会有意见。

有人会说：“凭什么我是处长，他也是处长，我就比他的评分低？”尽管我们努力做出解释，这是按照一套科学的岗位评价工具由企业内部很多人评出的分数，结果相对客观、公正，但是不见得所有人都能接受这个结果。所以，在国企进行岗位评价之前，我们通常要探讨是否进行岗位评价，企业的领导班子是否有魄力让岗位评价结果落到实处。有的国企得到了国资委的许可，有一把尚方宝剑，能够有效地处理在薪酬改

革中充当阻力的人，这种情况下，薪酬改革就会顺利得多。

此外，要想岗位价值评估做得好，还需注意以下几个要点：

要点一，岗位评价的评委选择很重要。评委一般包括三类人员：一是公司的高层；二是公司的中层；三是企业的基层员工代表，这些员工代表通常是企业里的资深员工。岗位价值评估由企业不同层级的人员参与，可增加岗位评价结果的可信度。

要点二，岗位评价的模型选择很重要。现在企业用的比较多的岗位价值评估方法是要素计点法，这个方法在评估岗位价值时比较精确、系统，更具有客观性。应用要素计点法的岗位评价模型有很多种，国际上比较知名的是美世咨询公司的 IPE 评价模型，以及海氏的岗位评价系统。北大纵横也有一个 28 因素岗位价值评估系统，读者可以在网上搜索到不同岗位价值评估模型的工具表格，选择适合自己企业的一套评价要素去开展岗位价值评估的工作。

要点三，要掌控评价过程。在做岗位价值评估时，有的评价者故意把某些岗位的分打得很高，同时把一些岗位的分打得很低。**解决这个问题有两种纠偏的方法。**第一种，在评分现场对偏离度进行掌控。首先，我们设置一个合理的偏离度，也就是某个人的打分和所有人打分平均值的差异，比如，20% 或者 25%。当发现岗位评价现场某个人对岗位的评分超出这个偏离度的时候，现场评价的计算机系统就会自动警示。我们马上找到这位评分者，向他指出来并请这位打分者解释为什么给这个岗位打分偏离度这么高。这是非常有威慑力的纠偏方法，有这种威慑力，评分者就不敢乱打分。这是第一次纠偏，是现场完成的，叫现场纠偏。还有第二次纠偏，是在评价完成后，去掉两个最高分，去掉两个最低分，其他人的分数取一个平均值。通过两次纠偏，评价过程的公信度就会高很多，员工也更容易接受岗位评价的结果。

岗位评价分数出来后，就牵涉如何划分薪酬等级。我们看到有的企业薪酬等级有 1～20 级，有的企业薪酬等级是 1～9 级，企业的薪酬等级数到底是如何确定的？

图4－2是某企业52个岗位的价值评分从高到低形成的一条曲线图（该曲线是评价结果的一个示意图，便于理解）。纵坐标是岗位价值评估分数，横坐标是52个岗位名称，按照岗位等级的高低从左往右排列。我们可以看到，这个曲线图有一定的规律。有的地方趋势比较平缓，而有的地方曲线形成明显的折点。我们可以用这个折点作为薪酬等级的分界点来划分薪酬等级，按照折点的划分，能将企业的薪酬分成若干个等级，比如25个等级。但是，如果我们不想要那么多级，只想要10个等级，有什么方法实现？我们可以将评分较为接近的折点段进行合并。

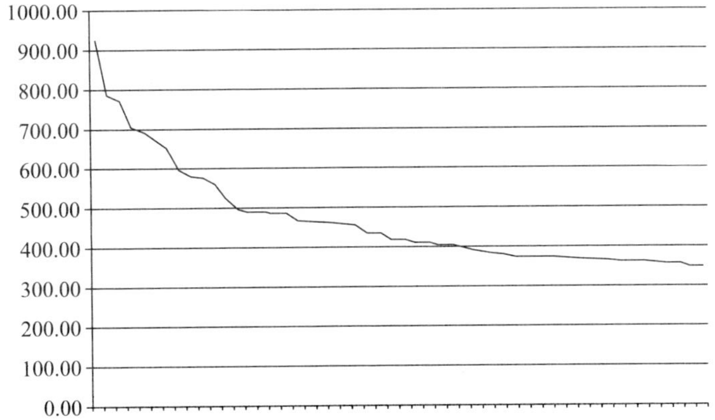

图4－2　某企业岗位价值评分示意图

岗位评价的原则主要有六点：

第一，对岗原则。岗位评价的对象是岗位，而不是在岗位上具体的任职者。岗位评价的分数体现的是企业内各岗位的相对价值，而不是最终的工资数。

第二，完备性原则。岗位评价的因素应当全面，没有重叠。

第三，针对性原则。岗位评价的因素要尽可能切合公司的行业点、业务分布和企业规模等。

第四，独立原则。参加岗位评分的评委应当独自对各个岗位进行评价，不能相互之间协商、串联。

第五，一致性原则。薪酬体系所覆盖的所有岗位必须以同一套岗位评价因素进行评价，所有岗位评价必须由同一个评价小组完成。

第六，保密性原则。薪酬设计本身是很敏感的一项工作。岗位评价的结果并不直接对应具体的工资数，薪酬水平的确定还需要考虑很多其他因素，比如，还需结合同行竞争对手的薪酬水平状况等来具体确定薪资水平，所以公开之后很容易引发矛盾。某岗位评价的分数很高，外部市场同岗位薪酬水平比较低，结果最终这个岗位确定的薪资数比较低。这个岗位的员工如果了解这些情况，可能就要找领导说明白，会带来很多麻烦。从严谨的角度来说，不要公开岗位评价的结果。

二、决定薪酬水平的四维模型——个人

提要：

➢ 人对企业的重要程度、人－岗匹配度、绩效考核结果、专业技术能力等都影响着个人薪资水平的高低。

决定薪酬水平的四维模型中，第一个维度是岗位，第二个维度就是个人。在个人维度中，哪些因素将决定员工薪酬水平的高低？如图4－3所示。

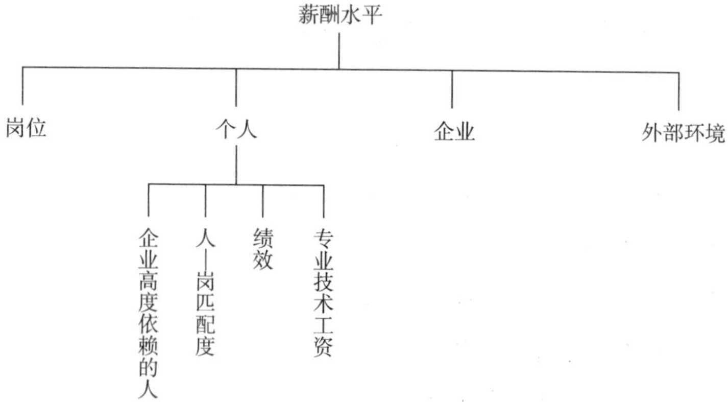

图4－3　决定薪酬水平的四维模型——个人

思考：企业应该给哪些人高薪

效率工资理论有三种情况，组织必须给予这些人高薪：

（1）企业（技术或结构）高度依赖于某些特定人员时。

（2）某些人的可替代性很低时，如各种专业人员。

（3）组织无法监督、观察员工的绩效时，要让其“发自内心”地工作，如有些外派人员。

根据效率工资理论，一方面，当企业高度依赖某些特定人员时，会支付给这类人员较高的工资。这些被企业依赖的对象，或者能为企业提供宝贵的资源、能为企业贡献很大或者拥有对企业的战略发展有重要意义的技术或能力。**对于某些可替代性很低的人员，企业会适当支付较高的工资，以减少或避免这类员工离职。对于组织无法监督，或者监督成本过高的人员，企业会支付高薪鼓励这些员工“发自内心”地积极工作。**

具体到某个人工资的高低，还受这个人与该岗匹配程度的影响。同样一个岗位，张三做这个岗位，给他 40 万元年薪，李四做这个岗位，给他 28 万元年薪，为什么？李四的能力不足。所以，同岗不一定同酬，要根据人的胜任能力决定。图 4－4 是某公司高管的薪酬方案，虽然薪酬的构成和核算方式一样，但是高管的岗位年薪总额要根据人－岗匹配程度来定。

决定个人薪酬的另外两个因素是绩效和专业技术工资。绩效高的人或者专业技术等级高的人在其他条件相同的时候，薪酬就高一点；绩效低的人或者专业技术水平低的人，薪酬就低一点。多劳多得，贡献大的人多得，有本事的人多得，这样也是合理的。

知识拓展：能力素质模型

企业要测评人岗匹配度，首先要搭建岗位的能力素质模型。这个能力素质模型包含岗位任职者的三类素质：

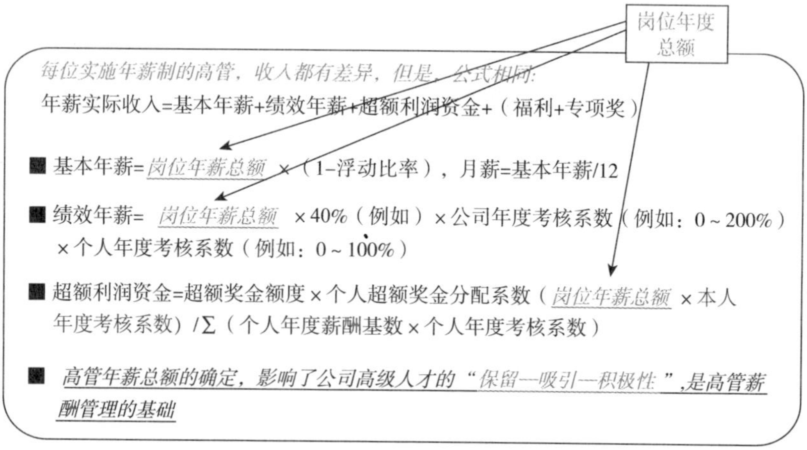

图 4－4　人－岗匹配度对年薪酬制设计的影响

（1）企业的“核心素质”（也称为“通用素质”）。

（2）职系的“基础素质”。

（3）岗位的“专业素质”。

核心素质来源于企业的核心价值观，所以称为“核心素质”。企业核心价值观是企业文化的灵魂，通常体现的是对于企业使命、愿景和价值观的认同。不认同企业文化的员工是不符合企业需求的，更不可能适合岗位的需要。所以，企业在进行人事测评时，首先要看员工是否符合企业的核心价值观。

另外，企业对于员工还有基于职系的“基础素质”要求。比如财务工作者，不管是财务经理还是会计、出纳，都要具备一定的特质才能把工作做好，如责任心、诚信、严谨、风险意识等。这些素质是同一个职系，或者同一个职位序列的所有岗位都需要具备的。

员工要胜任岗位需要一定的“专业素质”才能把岗位工作做好，比如，薪酬专员，要有薪酬管理的专业素质，包括专业知识、专业能力等；法务工作者，要对国家的法律有一定专业度。

“能力素质模型”体系的搭建能为企业的工作分析、人员招聘、人员考核、人员培训及人员激励提供强有力的依据，是现代人力资源管理的新基点。

三、决定薪酬水平的四维模型——企业

提要：

➢ 企业的效益与决策层的价值观，企业的发展速度和趋势，以及企业的战略和管理手段都影响着员工的薪酬水平。

➢ 企业薪酬水平的高低通常以市场分位来描述，也就是P。

➢ 企业的薪酬应该向支撑企业核心竞争力和战略发展的岗位倾斜。

➢ 金钱不是万能的，员工激励应该与对员工的尊重、赞美、关爱、包容、信任等相结合。

影响薪酬水平的第三个维度是企业。**首先，薪酬水平与企业的效益及决策层的价值观相关联。**效益好，大家拿的多，这很合理。比如，效益增加30%，员工的薪酬水平增加5%或者10%，有的甚至增加30%。到底应该增加多少取决于企业的决策者，看决策者怎么想。有的决策者希望把员工的收益和组织的效益紧密联系起来，总体效益增加50%，员工个体收益也增加50%。而一些决策者认为企业效益增加30%，给员工增加5%的工资，意思一下就不错了，所以决策者的想法对薪酬水平的影响很大。

国企的情况要复杂一些，一般情况下，主管部门对下属国企的人工成本控制得比较紧，在这种情况下，企业的薪酬改革就无法施展。怎么办？我们可以影响决策者。怎么影响？靠专业能力。你要说清楚，薪酬要有市场竞争性、激励性、战略牵引性、公平性，还要做到经济性、合法性。

我们自身的话语权从哪里来？是干出来的，凭实力。自己有一定话语权，然后再借助专业知识，给上面打报告：我们现在之所以取得这样出色的成绩，是因为现在的方案符合薪酬管理的科学原理，能够充分调

动员工的积极性。这就是多赢，国家拿到了更多的税收，主管部门拿到了更多的利润，员工得到了更多的实惠，公司更有发展前途。所以，哪怕是在国企中，某种程度上，个人的命运掌握在自己的手里。成功之路，包括幸福之路都在我们的脚下，看我们怎么走。

其次，企业发展速度和发展前景也影响着薪酬水平。在 IT 行业，很多 IT 公司在起步阶段不赚钱，甚至还亏钱的时候，照样给员工很高的工资。为什么？资本市场认为公司有发展前景，公司自身发展的速度很快，所以薪酬跟这个也有关系。

最后，企业的战略定位对薪酬水平也有影响。曾经从 IBM 那里读到一句话，我非常认可这句话：**一流的企业要有一流的薪酬。一流的薪酬才能够吸引一流的人才，同时激发一流的干劲。一流的人才加上一流的干劲，就会支撑一流的业绩，造就一流的企业，这是一个循环。战略定位决定薪酬定位，而企业的薪酬定位又支撑企业的战略定位，这是一个良性循环。**那么应该如何描述薪酬定位的高低？下面我们介绍一下薪酬定位的专业术语。

薪酬定位术语

前面谈到薪酬的定位，我们要如何描述薪酬定位的高低？有一个术语叫市场薪酬分位，也就是 P。看图 4－5，25P、50P、75P 是什么意思？假如市场上有 100 家公司（或职位）参与薪酬调查，薪酬水平按照由低到高排名，25P、50P、75P 分别代表排名第 25 位、第 50 位、第 75 位的公司（或职位）的薪酬水平。

我们说企业的薪酬水平很高，高到什么程度？怎么描述？薪酬水平很高，位于我省同行业市场薪酬水平的 90 分位。这里需要有一个范围限定，是一个省的范围还是一个市的范围，是所有行业还是单独的某个行业，得有一个限定。否则没有表述清楚，就容易产生误解。

在实际的薪酬调查中，一般来说调查的对象不可能正好是 100 个，有可能是 60 个，也可能是 150 个。在这种情况下，25P 就不是薪酬水

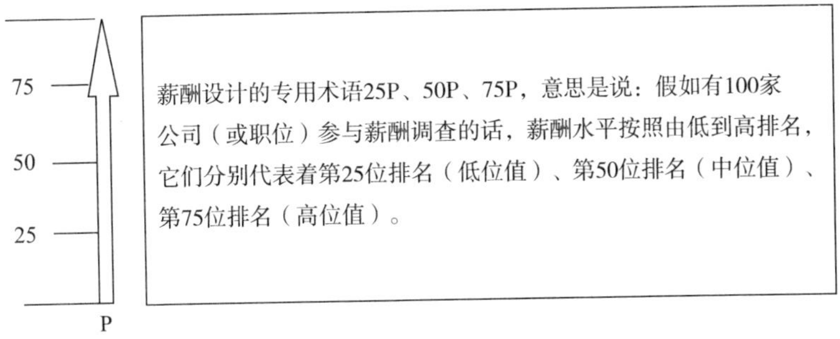

图 4－5　薪酬定位术语

平由低到高排名第 25 位的那个薪酬数了。假设调查对象是 150 个，25P 就应该是 25 乘以 1.5 的这个排名所对应的薪酬水平。更确切地理解，25P 意味着薪酬水平高于市场 25% 的企业，90P 意味着薪酬水平高于市场 90% 的企业。P 的术语是帮助大家科学地描述企业的薪酬定位的高低。

结构性倾斜

什么叫结构性倾斜？就是薪酬的倾向性，倾向哪些人群。一些支撑企业核心竞争力和战略发展的岗位可能获得更高的薪酬。这个高，是对企业以外，指的是在人才市场上的薪酬定位更高一点。比如，有些行业领先的高技术企业是以产品技术领先制胜的，企业就要对技术岗位的薪酬水平有一定倾斜。比如，研发体系岗位的薪酬水平定于市场 90P，而其他岗位的薪酬水平可能定为 75P，这家企业的薪酬体系就是向研发人员倾斜的。为什么向研发人员倾斜？因为研发类的岗位支撑着这家公司的核心竞争力。所以，在对薪酬做结构性倾斜设计时，首先要弄清楚企业的战略是什么、核心竞争力是什么、哪些岗位支撑核心竞争力。如果没有弄清楚这些问题，薪酬体系设计的科学性就无从谈起。所以，这是为什么在本书的开篇，我先给大家介绍企业薪酬管理与人力资源管理体系，让大家先有一个体系的概念，明白薪酬与企业战略之间的关系等。

管理手段

薪酬水平还跟企业的管理手段相关。企业里能够动用的管理手段是有限的，要么加薪、降薪，要么奖罚，要么升职、降职，要么开除，薪酬是其中一个重要的管理手段。利用薪酬的牵引，企业可以实现多个方面的管理目的。

第一，通过高薪吸引人才。人在市场上具有商品的属性，总趋势是价值越高，价格越高。

第二，通过工资的调整分流人。一般来说，薪酬是能升不能降，但是很多企业遇到这样头疼的问题：不合格的员工不愿意离职。用薪酬调整分流是一个办法。不过在使用这种方法的时候需要有一些先决条件，适用于以下几种情况：

（1）如果劳动合同中已经签订了固定工资，调整这部分是违法的。这里说的调整工资是调整浮动部分，不是在劳动合同中签订的工资。如果劳动合同中签订的固定部分的工资比较低，而浮动部分工资比较高，那么，调整浮动部分工资对他的收入影响就比较大，当然就会有分流的作用，但是需要在签订劳动合同的时候就考虑到。

（2）劳动合同中约定了可以调整岗位的，由于岗位调整导致工资的调整，可以通过调整岗位达到调整工资的效果。

（3）由于岗位比较特殊，劳动合同中没有签订固定工资（通常很难），就可以比较方便的使用这种方法。

第三，设置奖金、绩效薪酬、提成、补贴等激励。通过激励的设置，引导员工践行组织的战略意图和价值取向，激励员工提升业绩，鼓励员工到公司需要的地方去，等等。

第四，通过利润分享或分红等让员工的收入同企业的利润挂钩。利益的挂钩能够让员工的工作更有干劲，实现企业与员工的双赢。

第五，通过设立股权（或期权），把股东和员工拴在一起。股权激励能够让企业与员工成为利益共同体，使企业上下拧成一股绳，合力实现企业战略。

第六，年功工资鼓励忠诚。通过年功工资鼓励员工在企业多待几年。

第七，学历/技术/技能工资鼓励学习。利用薪酬的牵引，促使员工提升学历，提高技术/技能水平。

第八，结构化倾斜留住核心人才。对于企业严重依赖的人员类别，给予高薪可以增强人员的稳定性。

总之，薪酬可以成为企业人力资源管理的一项重要的牵引工具。

注意：金钱不是万能的

前面讲了很多以钱为牵引的管理手段。通过这些手段，我们能够理解钱是一个用人的重要手段。所以企业得把钱管理好、把钱分好，要让钱发挥最大的作用。同时，我们也要注意，金钱不是万能的。有的人拿钱多，如果对企业文化不认同，或与上司合不来，对企业领导不认同，或者不喜欢所做的工作，也可能人在曹营心在汉。所以，钱要和尊重、赞美、关爱、包容、信任、成就、批评、发展、荣誉等激励进行组合，它才能最大限度地发挥出对员工的激励效应。

知识拓展：国企改制之企业收购

国企改制有几个方向可以思考。第一个方向是把民营资本吸引进来，让它做大股东，让民营老板经营企业，变成混合所有制企业，国企原股东主要享受分红。第二个方向是员工持股，允许国企员工，特别是管理层持股。第三个方向就是企业收购，收购竞争对手，消灭掉对手最好的方式是把它买进来。但是收购一个企业谈何容易，收购需要足够强的实力，否则就会消化不良。

一般说来，收购一家企业需要什么？四个条件。第一个条件，运营能力。也就是我们比别人的运营能力强，所以效益高，成本控制得好，品质控制得好，有足够的底气接手新公司。**第二个条件，科学的管理体**

系。我们要有完善的管理体系做支撑。**第三个条件，强有力的干部队伍。**要派出干部，不派干部，收购企业就是灾难的开始。**第四个条件，有强大的企业文化。**文化可以迅速地同化收购来的企业，让这家企业不到一年时间变得跟我们一样。

注意：如果不具备这四个条件，建议企业不要贸然收购。收购就是结婚，找一个好对象，你要有足够强大的能力。你们要融合得好，价值观不能差异太大。价值观差异太大是婚姻灾难的开始，收购也是一样的。这些道理都是相通的。

四、决定薪酬水平的四维模型——外部环境

提要：

➢ 企业的薪酬水平受行业及区域薪酬水平、社会生活成本、人才供求及法律法规的影响。

➢ 薪酬调查有两个关键点：一是调查对象；二是调查渠道。

薪酬体系的设计是内部公平性与外部竞争性两种薪酬有效性标准之间进行平衡的结果。所以，外部的薪酬状况对企业薪酬水平的影响至关重要。

决定薪酬水平的外部因素有：

第一，地区及行业的薪酬水平。当企业薪酬水平落后于地区或行业薪资时，企业就难以招聘到优秀人才，同时，现有人才也有流失的风险。

第二，生活费用和物价水平的变化。企业内部薪酬水平要随社会生活成本的提升而提升，否则将影响员工的薪酬满意度。

第三，劳动力市场的供求状况。当人才紧缺，找不到人的时候，薪酬水平高一点，才能吸引到合适的人才。

第四，法律环境。薪资不能低于国家规定的地区最低工资标准。

在几个影响薪酬水平的外部环境因素中，我们最需要关注的是地区及行业的薪酬水平。

五、薪酬调查

提要：

➢ 薪酬调查要确定两个关键因素：调查的对象和调查的渠道。

➢ 薪酬调查的对象主要是两个：一是产品市场上的关键竞争对手，二是劳动力市场的关键竞争对手。

薪酬调查的关键因素

如何知道地区及同行的薪酬水平？我们可以做薪酬调查。**薪酬调查要确定两个关键因素：调查的对象和调查的渠道。**

调查的对象主要是两个：一是产品市场上的关键竞争对手。也就是同行业的薪酬状况，因为企业员工最有可能在同行业之间流动。**二是劳动力市场的关键竞争对手。**乔布斯曾经从可口可乐挖过一个营销副总裁，名字叫约翰·史考利。当时乔布斯给约翰打电话，乔布斯问：“你是想一辈子卖汽水还是想改变人类的生活方式?”约翰正要回答，乔布斯说：“不用急，我给你三天时间，你可以考虑清楚。”约翰立即回复：“我不用考虑，我马上就过来。”大家想想，卖汽水和卖手机，两个行业并不相同，但是对于行销副总裁这样的任职者而言，这两家公司是什么关系？它们是人才市场上的关键竞争对手。企业里一些不太受专业影响的职位的薪酬，不仅受行业内薪酬状况的影响，还与劳动力市场中关键竞争对手的薪资相关。

西方国家第三方机构的薪酬调查非常成熟，而我国第三方机构的调查尚不完善。所以，我建议中国企业做薪酬调查时，自己多做些工作，通过各种渠道把企业的各个岗位的薪酬市场行情了解清楚。具体来说，可以参照这个步骤：

（1）列出企业的岗位清单。

（2）建立各岗位的薪酬结构。

（3）根据已知的薪酬数据，初步建立企业的薪酬数据库。

（4）通过各种渠道获得各个岗位的薪酬数据，并将各种渠道获取的数据整合到薪酬数据库中。

思考：薪酬调查的渠道有哪些

薪酬调查的渠道主要有：

（1）企业之间的相互调查。

（2）委托专业机构进行调查。

（3）从各种媒体中了解，如网站、电视、报刊等。

（4）从流入或者流出的员工中了解。

（5）从商业性、研究性、政府性薪资调查中了解。

（6）从招聘活动中积累。

（7）从各种正式或者非正式的聚会中了解。

企业之间进行薪酬调查时经常遇到这种情况：很多企业在提供薪酬信息的时候，都不想提供真实信息，担心泄露，与此同时又想获得其他公司真实的薪酬信息。在这种情况下，建议大家把自己企业的薪酬信息交给第三方，由第三方把不同企业的薪酬信息整合之后，去掉具体的公司名称，再发给所有参与薪酬调查的企业。当然，在做这件事之前一定事先充分沟通好，要让所有参与的企业对第三方建立信任。

经过市场调查后，如果说企业里的销售总监原来的薪酬定位是市场75P，但是调查后发现实际薪资数只有市场薪酬水平的60P。这时候就要调整企业的薪酬水平。可是，这里有一个问题，我们调整了销售总监的薪酬水平之后，内部可能又产生了一个新的问题——怎么平衡的问题。所以，企业调整某一个岗位的薪酬水平的时候，通常还要对整个公司的薪酬体系做系统性的考虑——其他岗位的薪酬水平需不需要调整。考虑其他岗位薪酬水平如何调整的时候，就要运用前面讲到的岗位评价。为了保持薪酬的内部公平性，**我们在做任何薪酬调整时，要考虑到各个方面的情况，薪酬管理是一个系统工程。**

薪酬管理涉及每个人的切身利益，非常敏感，这件事处理不好，可能会引发企业内部的矛盾。大家不要认为80%的人对薪酬方案满意了就是好方案，剩下20%的人不满意，将对整个薪酬方案的执行带来很大的问题。一般来说，在做薪酬方案设计前，要做充分的沟通，尽可能争取更多人的支持。

下　篇
关键岗位薪酬设计

第五章

高管的薪酬如何设计

曹子祥教你做激励性薪酬设计

利润分享是一种直接的、能够快速提升高管积极性的薪酬模式。它就像一剂猛药，在企业需要突破时有良好的效果。但是，尽管它能极大地引起被激励对象对企业利润和成本的关注，它的弊端也不可小视。被激励对象可能为了利润最大化，做出很多影响企业长远发展的短期行为，最终将企业带上末路。同时，利润分享所带来的高额薪酬也可能引发企业内部人员心理不平衡，从而增加企业内部的矛盾。如何有效地应用利润分享这种薪酬模式，将它的优势发挥到极致？我们建议将关于品牌建设、产品研发和生产技术工艺等需要近期投入且对公司的长期发展有好处的决策都放在公司的层面。同时，建议企业主要对基层业务单元的负责人实施利润分享方案。在移动互联网时代，我们期待利润分享这种薪酬模式为成百上千个基层单位提供强劲的动力。

一、激励性薪酬方案导入——利润分享

提要：

➢ 利润分享是一剂猛药，效果显著，但是可能带来短期的行为。

➢ 有权力对企业长期投入做决策的管理者不适合参与利润分享计划。

案例4：我的第一桶金

说到利润分享，先给大家讲一讲我的第一桶金。我相信很多人都会好奇曹老师什么时候下海的？我于1987年研究生毕业，在大学里工作了一段时间，1989年年初就下海了，到某计算机集团公司工作。该集团的主要业务是计算机硬件、软件及配件等销售，系统集成，软件研发

等。我承包了一个业务部门，公司给了我10万元的货作为投资，如计算机、打印机、打印纸、磁盘等。另外，给了我10万元的贷款作为我的流动资金，一分钱的月利息。当时承包的时间从1989年3月1日至年底，一共10个月的时间。业绩上，公司对我提了要求：必须获得10万元的纯利润。如果完成目标，给我10%的利润提成。10%是1万元，不少了，当时大款就叫万元户。如果利润超过10万元，在20万元范围内，给我20%的利润提成，也就是2万元。利润超过20万元，有40%的利润提成。这种薪酬模式极大地激励了我们的积极性。

我记得当时去燃气公司谈业务，26公里的山路。那天早上我起得比较早，没吃早饭，骑上自行车就出门了，当地是高原地区，骑了差不多十几公里山路时有点受不了了，满身都是汗，心跳很快，骑不动了，怎么办？同客户约好的时间要到了，按照当时的体力肯定来不及赶到。后来我就下了决心，改乘公交车，用链子把自行车锁在路边的树上，当时好担心，自行车是我们家最值钱的家当，千万不要被人家偷了。还好，我及时赶到了燃气公司。

我到了燃气公司，燃气公司的经理特别感动。因为计算机当时还是卖方市场，没有哪家公司是主动上门拜访客户的。经理说："曹经理，你是第一个跑这么远的路到我们这儿来的。"谈完已经到中午吃饭的时候了，客户一定要请我吃饭。我说："不行，我的自行车还在路边上拴着呢，心里不踏实，我得赶紧去找自行车。"我这么一说他就明白了，感动得不得了。然后他就跟我说："曹经理，我们公司所有的计算机都从你这买，只是有一个条件，就是价格不能比别人高。"我当即答应，从此，这家公司成了我们的铁杆客户。

之后，这位燃气公司的经理还给我介绍了很多客户，完全是义务的，没有要任何好处，就是信任我。有一次，农业银行的一位处长从我这买了一大批计算机，我很奇怪他是如何知道我们的。之后很长时间，燃气公司的那个经理给我打电话："曹经理，农业银行的白处长有没有跟你联系？"我说："联系了，计算机都买回去了。"他说："好，那是我给你介绍的。”

还有很多故事，想想非常有意思，创业初期就是这么干出来的，当时为了拓展市场真是下了很多功夫。

为什么当时那么有干劲？因为公司的薪酬模式，这种薪酬模式叫利润分享。也就是我和我的团队为公司赚到了利润，公司把一部分利润分享给我和我的团队。**利润分享是一种直接的、有强大激励性的薪酬模式，通过合同约定，它牢牢地抓住了双方的需求：公司需要发展，员工需要发财。**

为什么有的企业赚不到钱？分钱没分好，薪酬没有激励性。

薪酬没有激励性意味着什么？薪酬有激励性就是说多劳多得；薪酬没有激励性就是说多劳也不多得。大家注意到多劳也不多得的时候，就会挫伤积极性。所以，给予员工激励是企业必须要做的，薪酬没有激励性是不行的。

薪酬没有激励性的结果是什么？能干的人、肯干的人发现再怎么付出都没有回报，要么也跟其他人一样混，要么走了，离开这家企业。所以，**如果薪酬没有激励性，企业最后留下来的就是庸才和懒才。**

利润分享薪酬模式

分享的利润收入 = 公司利润 × 分享比率（P × I）

利润，这里指的是收入减掉所有的成本费用。分享比例是由公司和被激励的对象共同商定的。这里所说的公司指的是股东，这样的利润分享一定是股东决议。利润分享，分享的是股东的钱，你用了股东的钱，必须要经过股东同意。

利润分享有一大好处：被激励的对象会高度关注收入和成本。被激励的对象既要关心怎么让收入足够高，又必须考虑成本和费用的节约和控制。

利润分享也有一定的弊端，被激励的对象为了最大限度地降低成本，可能会做出一些短期行为。比如，激励对象对于可能影响当下利润的一些投入，如企业技术改造、设备更新、品牌建设等方面的投入意愿会降低，从而影响企业的长远发展。设备更新的时候，在利益上，被激励对象是抵触的，因为这个投入冲抵了利润。**另外一个弊端是会引起其他人心理不平衡**。虽然大家在理性上认为，公司已经按照这样一个规则发放薪酬，但是当看到周边的人赚了大钱，自己没赚到，感觉不舒服，就会想方设法地找麻烦。这可能会带来一些麻烦，是薪酬管理的复杂性的一个体现。

总之，利润分享这种薪酬模式有利有弊，它就是一剂猛药。如果我们现在要打翻身仗，要突破，可以在短期内实施这样的薪酬模式。但是一定要注意：**公司的品牌建设、产品研发和生产技术工艺等近期需要投入的资金，在财务上是成本和费用，但是对公司的长期发展有好处的决策都应该放在公司的层面**。有权力决定这些事项的人不宜参与利润分享计划，否则管理层在做决策时，就会出现不同利益之间的博弈。

比如，我是子公司的总经理，也是利润分享计划被激励的对象。在公司高层讨论要不要投入某个技术改造的时候，因为侵犯了我的利益，我会有很多理由阻挠这件事。我会提出没有必要做技术改造的原因，如果我和总工联合起来不愿意做这件事，这件事就做不成。

技术改造这件事不做，今年赚钱，明年赚钱，到了后年，设备已经无法跟竞争对手的设备比了。为了避免利润分享方案引起的严重短期行为，被激励的对象一定不能参与近期投入大、而对公司长远发展有好处的决策。如果他有权参与决定，就会跟你博弈，而博弈的结果，谁有充分的信息优势谁就能取胜。最终的决策不在于权力的大小，而在于拥有信息的优势。

利润分享的对象要加以选择，早期很多公司对高管实行利润分享计划，都在这个问题上吃尽了苦头。利润分享计划实行后，短期公司业绩很好，但是两三年后，公司就走向衰败。主要原因就是短期行为带来的影响，只看重当下的利润，忽视公司战略发展所需要的长远投入。

那么，**利润分享计划对哪类人更能产生积极的效果呢？**答案是基层

业务单元的负责人。这类人没有太多决策权，只有执行权。技术改造、设备更新、品牌建设他都决定不了，对于整个公司的大笔资金投入，他没有决定权。但是，他是业务单元的负责人，有赚钱的需要，对这些人实施利润分享计划，更容易带来双赢的结果。

在移动互联网时代，公司可以建立成百上千个利润中心，实施利润分享计划，让员工成为合伙人。这些合伙人可能没有公司技术改造、设备更新、品牌建设等方面的决策权，但是有充分的经营执行权。在这种情况下，整个公司就像高铁一样，每个车厢就是一个业务单元，每节车厢都有动力装置，快速向前奔跑。

二、高管适合的薪酬模式——年薪制

什么叫高管？在国企里有领导班子，班子成员就是高管。在民营企业，高管通常指公司的总裁、副总裁、助理总裁等。总监不算高管，但是有一些大型上市公司的财务总监或者营销总监参与公司高层决策，也算作高管。

集团公司的下属业务单元的负责人，从行政级别上说一般不是高管，但是，他们的薪酬模式可以采用年薪制。

高管的薪酬模式通常是年薪制，有些企业对高管实施股权激励。股权激励比较复杂，本书不展开讲。在这里，我们还将与读者分享高管薪酬的延期支付与约束机制，供大家参考。

提要：

- 年薪制收入＝基本年薪＋绩效年薪＋超额利润奖金＋福利＋专项奖
- 年薪制必须和绩效考核相关联，它的精髓是激励性。

年薪制是一种重要的高管薪酬模式。年薪制的概念包含两个因素：

一个因素是高管的工作考核以年度为单位，一年为一个周期；另一个因素是年薪制要与企业和个人的绩效考核挂钩，被考核人的年度总收入取决于公司和个人的绩效指标的完成情况。

为什么对高管实行年薪制？**因为这些岗位对整个公司或者事业部的总体效益有直接、重大影响。应用年薪制把高管的个人收入和整个公司或者事业部的效益紧密挂钩，有助于高管与公司结成利益共同体，实现利益同享，风险共担。**此外，高管的工作主要是对企业的经营业绩产生影响，经营业绩的好坏在短期内无法评判，通常以年度（或半年度）为周期对他们进行考核。**绩效考核是年薪制的关键，也是实现年薪制激励性的一个重要手段。**

一般来说，年薪制包含以下几部分，用公式表示如下：

总收入 = 基本年薪 + 绩效年薪 + 专项奖 + 超额利润奖金 + 福利等

基本年薪：是固定薪酬，是一定可以拿到的薪酬部分，这部分按月发放。

基本年薪 = 岗位年薪总额 ×（1 – 浮动比率）

绩效年薪：这是年薪里的浮动薪资，这部分薪资与绩效目标的完成情况挂钩。绩效完成得好多拿，绩效完成得不好少拿，甚至不拿。

绩效年薪 = 岗位年薪总额 × 浮动比率 × 公司年度考核系数 × 个人年度考核系数

超额利润奖金：是公司效益超过预期时给予高管的奖励。

什么时候会发这部分奖金？有两种情况：一是公司效益远超预期；二是公司的薪酬水平不够有吸引力。超额利润奖金可以发给高管，也可能发给全员或骨干员工。

比如，某总经理实施年薪制，一年算下来拿到 25 万元。可是我们发现，市场的薪酬水平不是 25 万元，可能到了 60 万元，同时，现在有人愿意出 80 万元挖这位老总。出现这种情况的时候，公司就比较着急。怎么办？做工作，中国人讲感情，但是光讲感情不够，如果这时候刚好赶上公司的效益特别好，我们就可以利用超额利润奖金或者超额效益奖金给他补足收入。

超额利润奖金发多少合适？就得推算了。估摸别人给他 80 万元，我们只要给他 80 万元以内就足够了，我们还可以打感情牌，到底给多少，还要根据公司的总体效益决定。

如果光给这位高管超额利润奖金，不给领导班子里其他成员也不行，其他班子成员也得激励，就得一个一个的推算。总额出来后，每个人该拿多少，用下面的公式算：

超额利润奖金＝超额奖金总额度×个人超额奖金分配系数（岗位年薪总额×本人年度考核系数）/∑（个人岗位年薪总额×个人年度考核系数）

在这个公式中，**个人超额奖金分配系数核算与含义：**

分子：该岗位任职者岗位年薪总额与年度考核系数的乘积。

分母：累加所有参与分配的人的岗位年薪总额与其年度考核系数的乘积，把总和作为分母。

上面分数的结果就是个人超额奖金分配系数。

个人的奖金额度计算：个人超额奖金分配系数乘以公司的超额奖金的总额度，就是个人该拿的超额利润奖金。

注意：对高管来说，超额年终奖金可以有也可以没有，取决于原定的年薪够不够。如果原来的年薪比较高，超额利润奖金就可以不给。

总的来说，年薪制的收入主要是基本年薪、绩效年薪和超额利润奖金三部分。其中，绩效年薪是年薪制设置最关键的部分。

绩效年薪

绩效年薪＝岗位年薪总额×浮动比率×公司年度考核系数×个人年度考核系数

绩效年薪收入与什么因素相关？

第一，与岗位年薪总额及浮动比例（即绩效年薪在岗位年薪总额里所占的比例）相关，两者的乘积相当于绩效年薪收入的一个基数。

比如，岗位年薪总额为50万元，浮动比例为40%，绩效年薪的基数就是20万元，其他的30万元就是固定的基本年薪，每月发放。

第二，与公司年度考核系数相关。公司的整体年度绩效好，高管就能多拿一点；公司整体的年度绩效不好，高管就少拿一点，甚至不拿。

第三，与个人年度考核系数相关，这个系数体现的是被考核者个人的贡献度。

所以，在绩效年薪的基数定了之后，绩效年薪的多少，一看公司绩效好不好，二看个人绩效好不好。

知识拓展：绩效考核与绩效系数举例

在年薪制中提到“公司年度考核系数”和“个人年度考核系数”，这两个系数是绩效考核中的术语，这两个系数也是根据绩效考核的结果，按照公司制定的相关绩效考核制度计算出来的，是薪酬连接绩效的接口。

下面是某公司的绩效考核的制度节选，主要涉及绩效系数。

案例5：某股份有限公司考核管理办法
——绩效考核结果的运用（节选）

……

（三）绩效考核结果的等级划分及系数的确定

1. 根据员工当期绩效考核得分，由人力资源部对员工当期绩效考核得分进行等级划分，并得出绩效考核系数，绩效等级划分依据及绩效系数对应表如下。

表1　绩效考核得分、等级划分及绩效系数对应表

绩效考核得分	(100，120]	(90，100]	(80，90]	(70，80]	(60，70]	(50，60]	≤50
绩效考核等级	A	B	C	D	E	F	G
绩效系数	1.2	1.0	0.9	0.8	0.6	0.4	0

2. 原则上，员工绩效考核的结果应符合正态分布，各级人力资源部可根据当期考核结果分布情况及当期各单位绩效实际实现情况，确定是否执行强制分布，并制定实施细则，报总裁办公会审议通过后实施。

表1把三个关键信息对应起来了，从上到下分别是绩效考核得分、绩效考核等级、绩效系数。解释如下：

绩效考核得分：在绩效考核期末的时候得出的原始分数，根据考核对象在考核期内的实际表现，通过数据收集计算出来的结果。

绩效考核等级：这里给出了从A到G共7个等级（可以根据需要增加或减少），分别对应不同的分数（定性指标可以直接打等级，不用给分数）。

绩效系数：直接用来计算绩效工资。

这个绩效考核制度的节选是某公司的制度设计，这里划分了七个绩效考核得分的分数段，分别对应A、B、C、D、E、F、G七个绩效等级。针对不同的绩效等级对应不同的绩效系数，从1.2、1.0一直到零，比如，A等级对应的是1.2的系数、B等级对应的是1.0的系数、G等级对应的是零。

注意：这里的系数是公司设计出来的，是可以调整的。不同公司设计的结果是不一样的，有两个关键点：

第一个关键点：这家公司认为，如果任何一个被考评对象（公司/个人）绩效考核得分在50分以下，绩效考核系数就应该是0，也就是拿不到绩效工资。这一点的设计很重要，如果公司高层在研究这件事的时候，认为绩效分数在50分以下还应该给一点绩效工资，就可以把这个绩效考核系数调整一下，如调整为0.2或者0.3。毕竟人家还有一点成绩，可以宽容一点，当然也可以再狠一点，在绩效考核分数为60分以下的时候就给零的绩效系数。这样做可能好也可能不好，一方面能够激励落后分子拼命往前赶，另一方面压力会很大，意见也可能很大。所以，关键要平衡好压力，设计得恰到好处。

第二个关键点：最高绩效等级（上面的A）对应的绩效考核系数一定要超过1（上面的A对应的绩效系数是1.2）。如果绩效系数最高是1或者小于1，绩效考核可能会使员工认为公司绩效考核只给减薪，做得再好最多只能保本，甚至是把原来该得的给了公司，会打击员工的积极性。因此，在设计绩效系数时，公司可以适当地慷慨一点，比如，超过绩效目标就可以多拿一点，绩效考核系数设置为1.5等。你越能干，我给的越多。这样的制度能把公司员工的干劲激发出来。

表1是考核对象是个人的一个制度设计。这种方法同样适用于其他各类考核对象，比如，部门、业务单元或者公司。当然，对实施年薪制的高管来说，在绩效薪酬中，会同时涉及公司的绩效系数和个人的绩效系数，在设计公司绩效系数的时候一定要考虑到。

现在我们看一看另一个公司对个人的绩效考核系数的设计，这个转换表与表1有很大区别，这也是一个公司的方案，适用于部分公司。

表2　公司绩效考核得分、等级划分及绩效系数对应表（举例）

公司绩效考核得分	(200，以上]	(150，200]	(110，150]	(90，110]	(70，90]	(50，70]	≤50
绩效考核等级	A	B	C	D	E	F	G
绩效系数	2.0	1.5	1.2	1.0	0.8	0.6	0

考核分数	根据部门考核等级 & 员工的考核分数，进行强制性正态分布				
考核等级	卓越	优秀	合格	需改进	不合格
等级代号	AA	A	B	C	D
员工绩效系数	1.3	1.15	1.0	0.85	0.8

图1　评价结果转换成考核等级和绩效系数

与表1相比，最大的差异在于，前一个方案中，最低的绩效考核系数是零，而这个方案最低等级的绩效系数是0.8。也就是你的绩效再差，我也会给你一部分绩效薪酬。这个方案可能更适合国企，因为对国企来说，能拉开差距就不容易。在这种情况下，绩效考核系数就要设计得平滑一点，先拉开一点差距再说，等大家心理上、理念上都接受了，再把差距拉大。

注意：在与年薪制相关的公司年度绩效考核系数设计上（参见公式：绩效年薪＝岗位年薪总额×浮动比率×公司年度考核系数×个人年度考核系数），公司年度绩效考核系数所引起的绩效年薪的变动幅度需要明显大于个人年度绩效考核系数所带来的绩效年薪的变动幅度。也就是说，公司绩效对绩效年薪的影响要远大于个人绩效对绩效年薪的影响。比如，公司绩效考核结果为最高等级“卓越”，对应的绩效考核系数设计为2，个人绩效考核结果为最高等级“卓越”，对应的绩效考核系数可能设计为1.3。这样，公司的整体绩效考核结果相对高管个人的绩效考核结果对这名高管的绩效年薪产生更大的影响。这样做的好处是能让公司的高管齐心协力把公司的绩效做好。假设有7个高管，每个高管的绩效年薪都和公司绩效系数及个人绩效系数挂钩，公司业绩好的时候，如达到最高绩效等级“卓越”的时候，每位高管都能获得较高的收入。反过来，如果公司的绩效很差，领导班子成员更能团结一致实现整个公司的目标，把公司的利益放在首位，而不是只看个人的那个小盘子。

很多企业在做薪酬设计时没有考虑这个理念，有的薪酬制度设计甚至跟这个理念正好相反。想象一下，个人绩效结果对绩效年薪的影响大于公司绩效结果对绩效年薪的影响，假如我是这个公司的高管，我就会更多地考虑个人业绩，至于整个公司的业绩好不好，我也考虑，但是没那么重要了。如果公司里每个高管都这么考虑，公司就不能发展了。

思考：绩效年薪为什么要跟公司绩效挂钩

比如，现在有7个子公司，每一个子公司都有一个领导班子，班子组长就是子公司总经理。现在对7个子公司进行绩效考核，领导班子的绩效年薪都和子公司绩效结果相关。最后，年度考核结果出来了，根据年度绩效考核等级所对应的绩效考核系数，有的公司年度绩效考核系数是2、有的是1.5、有的是0.8、有的是0.5、有的甚至是0。在这种情况下，绩效特别好的公司，领导班子的绩效工资中公司绩效系数就是2，大家收入高，就是光彩、就是能够吸引人。而绩效考核系数是零的子公司，其他成员肯定对总经理有意见。整个领导班子因为子公司的绩效考核系数是零，拿不到绩效工资，每个人的钱就拿得少。

所以，在内部就形成了良性竞争格局。比如，这个子公司带不好，大家都对我有意见，我肯定是有压力的，必须改。如果我还不改善，第二年可能就不让我干了。好的制度就是能人的天下，如果我不够好，大家就会把我赶下台，大家会找一个能干的人代替我。人才被发现的原因是什么？制度把没有能耐的人赶下台，才有了机会。

很多人才都是一点一点干出来的，格力的董明珠就是从一个业务员一点点做起来的。她现在是格力集团的董事长，不仅管着格力电器，还管着格力地产等。所以，好的制度很重要。

我给大家介绍的不是一个解决方案，不是一个能到处套用的绝招。**做薪酬方案的设计，最重要的是要理解背后的缘由和逻辑，才能灵活地解决问题。**

年薪制的精髓是激励性。要实现激励性，年薪制就必须和绩效考核对接起来。没有绩效考核，年薪制就毫无价值。所以，绩效考核系数就是绩效和薪酬之间的一个接口，通过这个接口，薪酬方案和绩效方案就能挂钩。

那么，年薪制与绩效考核挂钩的好处是什么？前面说利润分享这种薪酬模式把薪资和利润挂钩。但是，作为高管，如果只关注公司的利润，而不关注公司的研发技术、品牌建设、文化建设等，就容易出问题。就像种地，只管收了今年的庄稼，不为明年播种，明年吃什么？而年薪制与绩效考核挂钩，绩效考核的指标里既设置了结果性指标，又设置了过程性指标，能够保证企业的长远发展。你考核什么，我就关注什么，只要指标设置合理，高管就能在决策时照顾企业的中长期利益。

正激励和风险

年薪制的精髓是激励性，包括正激励和负激励。负激励指的就是有风险——绩效年薪有可能拿不到。比如，前面列举的某股份有限公司考核管理办法，当绩效分数低于50分的时候，年终绩效系数对应的是零。这里就有几个问题，绩效年薪到底应该占岗位年薪总额的多大比例，如果高管的绩效是最差的那个等级，到年底绩效年薪一分不给还是稍微给一点？

领导班子对公司的总体经营业绩负责。公司业绩好的时候，他们享受成果，公司业绩差的时候，他们要承担风险。风险到底有多大？需要公司和激励对象商量，并结合企业的实际情况决定。

三、年薪制的激励程度设计与参数调整

提要：

➢ 岗位年薪总额、浮动比例、公司及个人年度考核系数，这四个参数设置都影响着年薪制的激励程度。

➢ 公司年度绩效系数让高管都关注公司的整体绩效，而不仅仅是自己的绩效。

绩效年薪（参阅前面的年薪方案公式：**绩效年薪 = 岗位年薪总额 × 浮动比率 × 公司年度考核系数 × 个人年度考核系数**）与岗位年薪总额、浮动比率、公司年度考核系数及个人年度考核系数四个因素相关。前面做过简要说明，在这一节中，我们详细讲解在薪酬设计时，怎样调节这四个因素，达到年薪制不同激励程度的设计。

岗位年薪总额：岗位年薪总额越高，岗位越有吸引力。民营企业主要以市场的薪酬水平为参照，结合本企业的薪酬战略，决定高管的薪酬总额水平。

国企的年薪总额主要依据相关的政策，根据企业所在的区域，以及企业的性质是公益类还是商业类，各地国资委可能有不同的年薪总额限定，所以，各个国企的年薪总额不太可能自己调整。

浮动比例（也叫幅度比率或浮动系数）越大，薪酬越有激励性。

比如，我们的浮动比例是40%，固定薪资比例就是60%。如果岗位年薪总额是100万元，用于与绩效挂钩的绩效年薪的基数就是40万元。如果公司的考核结果非常好（我们假设公司绩效系数最高为2），个人的考核结果也非常好（我们假设个人绩效系数最高为1），在公司绩效最好及个人绩效也最好的情况下，按照公式（绩效年薪 = 岗位年薪总额 × 浮动比率 × 公司年度考核系数 × 个人年度考核系数），这个人的绩效年薪收入就是80万元（40 × 2 × 1）。

如果浮动比例是60%，在其他条件不变的情况下，这个人的绩效年薪收入就是120万元（60 × 2 × 1）。所以，公司整体绩效比较好时，对能干的人来说，他宁可浮动比例更大一点；如果外界经济情况不好，高管对公司未来的业绩心里没谱，就希望薪酬稳定一点，基本年薪占的比例高一点。

总之，在高管的努力和能力对企业的绩效影响更大的情况下，我们建议年薪总额高一些，固定部分的比例低一点、浮动部分的比例高一点以吸引能力更强的人。有些行业，企业效益更多是政策调整带来的，高管的能力和努力对企业的绩效影响不太明显，固定的薪酬部分可以适当多一点、浮动部分的比例低一些，同时，薪酬总额适当降低。在经济形势不好的情况下，强调控制成本和稳定人心，浮动部分低一些、薪酬总额也低一些，等到经济形势好的时候，总额高一点，同时浮动的比率再设置得高一点。

公司/个人年度考核系数，不同的公司可以有很大的差异（参考前面的表1，这里设计成从0到1.2，最大系数为1.2）。对年薪制而言，需要设计两张表，一张表是“公司的绩效分数、等级、绩效系数对应表”（前面表2），另一张表是“个人绩效分数、等级、绩效系数对应表”（前面表1）。在这两张表中，最大系数越大，薪酬激励程度越高。在年薪制中，我们要注意前面提到的两个关键点。第一点，公司年度绩效考核系数所引起的绩效年薪的变动幅度需要明显大于个人年度绩效考核系数所带来的绩效年薪的变动幅度，只有这样，才能激励所有的高管将公司整体利益置于个人利益之上。第二点，最高绩效等级对应的绩效考核系数一定要超过1，否则会对员工产生负激励。

四、延期支付与高管的约束机制

提要：

➢ 薪资的延期支付可对高管形成约束机制。

➢ 如果发生相关人员未能勤勉履职导致公司出现重大违法违规行为或者风险事件，应止付相关人员未发放的薪酬。

薪资延期发放，既有法律依据又有管理学依据。怎么延期发放？固定部分按月发放，绩效年薪年底发一部分，如发一半或60%，剩余的部分延期支付或者止付。

为什么有一部分薪酬要延期发放？因为在企业的经营过程中会有很多的问题与风险，相关人员如果未能勤勉履职可能导致公司出现重大违法违规行为或者风险事件。所以，有必要通过薪资的延期发放对高管形成约束。薪资的延期发放一般在证券、基金、工程设计、施工等特殊行业较为常见。

延期发放的时间如何确定？公司可以根据行业特点、业务需要及经营管理的需要确定，比如，有的企业延期发放的时间为3年以上，有的企业将一部分工资延期2年发放。如果发现高管在薪资延期支付期间有渎职行为，延期发放的薪资就可能止付。薪资延迟支付需要在公司制度中明确予以规定。

案例6：某证券公司的延期发放相关制度（节选）

在证券公司薪酬管理机制方面，政府部门也有相关的规定，证券公司的《治理准则》中规定，证券公司高管的薪酬支付应与公司合规管理及风险管理等挂钩，建立薪酬的延期支付与止付制度。**其中，高管40%以上的绩效薪酬应当延期支付，延期发放时间不少于3年。**延期发放期间，如果发生相关人员未能勤勉履职导致证券公司出现重大违法违规行为或者风险事件，应止付相关人员未发放的薪酬。

案例7：延期支付相关的制度部分条款内容

绩效年薪剩余的50%于第二年年底发放，下列情况将全部扣除不发放：

（1）由于工作失误给公司带来重大损失者。

（2）违反公司的制度，造成严重后果者。

（3）离职审批的时候发现严重问题者。

（4）违反国家的法律法规，给公司造成重大损失者。

注意：这只是一个制度，配合这个制度应该有详细的实施细则、流程。再次强调，制度是一个体系。如果制度没有实施细则，执行起来就有困难。比如，什么叫严重后果？什么叫重大损失？细则上都要有规定。还有流程，每个步骤该怎么做。制度必须有相应的配套细则、流程和表单，否则就无法落地。

知识拓展：留住核心人才，建行薪酬延付计划为企业排忧解难

湖北日报讯　“21世纪最贵的是什么？人才。”在业内处于领先地位的某高科技企业的创始人对这句电影台词深有体会，这两年，核心骨干频繁跳槽让他头痛不已，是待遇太低还是福利太差？经过与同行比较后，他发现公司的待遇和福利在业内处于相当高的水平，为什么总留不

住业务骨干，这让他百思不得其解。

笔者就此问题特意咨询了建设银行湖北省分行企业年金中心的专业人士，他仔细分析了该企业的情况后，给出了一个留住核心人才的“金点子”——员工薪酬延付计划。该计划是企业在直接劳动报酬之外，员工延期支付的各种激励和福利制度。针对该企业的情况，建行专业人士建议其为核心人才建立薪酬延付计划，该计划流程简便，只需在建行开立一般存款账户，由建行提供账户管理服务，账户资金还可进行银行存款、理财产品、国债等多渠道的投资，以实现保值、增值，账户资金的投资、缴费和支付由企业自主决定，选择多样。听了建行专业人士的建议后，该企业创始人茅塞顿开，立即邀请建行专业人员协助其制定员工薪酬延付计划方案，终于找到了留住骨干的“金手铐”。（来源：人民网）

第六章

销售人员的薪酬如何设计

曹子祥教你做激励性薪酬设计

本章主要介绍销售类人员的激励性薪酬方案设计。销售类人员分为三类：一是销售人员；二是销售管理人员；三是销售辅助人员。其工作特征都是直接为公司的销售业绩做贡献，公司对他们进行以月度或季度为周期的考核，以关键业绩指标的实际完成量为基础进行提成。**提成构成了销售类人员的主要薪资收入，所以适用于这类人员的薪酬模式叫提成工资制。**

这三类岗位的收入公式为：

销售人员的收入 = 底薪 + 提成 + 专项奖 + 福利

销售管理人员的收入 = 基本工资 + 岗位工资 + 绩效工资 + 提成 + 年度效益奖 + 专项奖 + 福利

销售辅助人员的收入 = 基本工资 + 岗位工资 + 绩效工资 + 提成 + 专项奖 + 福利

三个公式中，提成 = $\sum (Q_i \times N_i)$，在三种不同岗位提成方案中，Q 和 N 的内涵是不一样的。

本章将从四个方面展开：

（1）销售人员的提成方案与参数调整。

（2）销售管理人员的薪酬方案。

（3）销售辅助人员的薪酬方案。

（4）提成方案的要点解析。

一、销售人员的提成方案及参数调整

提要：

销售人员的收入 = 底薪 + 提成 + 专项奖 + 福利

销售人员的提成 = $\sum(Q_i \times N_i)$

N 值的设计和诸多因素相关。

底薪：低底薪还是高底薪

销售人员的收入一般包含底薪、提成、专项奖和福利几个部分。

其中，底薪包括基本工资和岗位工资，是固定薪酬，按月发放。销售人员的底薪通常比较低，但肯定高于当地的法定最低工资标准，毕竟要保障员工的基本生活需要。

有的公司，销售人员的底薪比较低，只有两三千元，而不同员工销售业绩差异很大，所以，提成收入的差异会很大。有能力的人由于业绩好，提成能拿两三万元，没有能力的人业绩不好，提成收入很低。

而有的公司则给比较高的底薪——五六千元甚至更高，但是要求销售人员有一个销售基本量，如果在规定的期限内没有达到基本销量，就降底薪或者辞退。

低底薪高提成还是高底薪低提成，要根据公司的具体情况决策。在国内，比较多的企业采用的低底薪高提成。**底薪高有利于提升员工的忠诚度，招聘销售人员相对容易，但可能增加员工的惰性，公司的人工成本难以控制，有潜在的成本风险。低底薪高提成激励性强，能力强的员工销售提成高，能留住能力强的员工，及时淘汰能力差的员工，但会给员工带来较大的工作压力，最重要的是低底薪高提成给招聘工作带来难度。**

提成的核算公式：提成 = $\sum(Q_i \times N_i)$

在核算公式中，Q = 销售完成金额或销量，N = 提成比例或金额，i 表示某一种产品。销售人员销售的商品可能有不同种类，**不同种类的商品可能对应不同的提成比例或金额。同时，同一种产品卖给不同类别的客户，或在不同的地区销售，提成比例或金额也不一样。**所以，销售提成的总收入应该在核算不同提成比例的提成后再予以加总。

N的调整是提成方案中的要点和难点，我们就若干种情形分别阐述如何调整N。

（1）N的调整：产品不同N可能不同。

公司对不同产品的重视程度是不一样的，有些产品是重点销售产品，提成比例高一些，有些产品是将要淘汰的产品，不是公司主推的产品，提成比例可能低一些。可以通过调整提成比例（或金额）N，来实现对不同产品的重视程度。这样的提成制度需要对公司的产品分等级，按照产品等级的高低适用不同的提成比例。

（2）N的调整：区域不同，同样的产品N可能不同。

由于公司可能会对不同的区域采取不同的营销战略，有些志在必得的区域，公司可能会给予更高的提成比率，激励员工占领该区域市场。同样，不同的区域也要分级，级别不同提成比例也不同。

（3）N的调整：客户不同，同样的产品N也可能不同。

有些战略性客户一定要拿下，为此公司会用比较高的提成激励销售人员。实际上，公司对客户通常也是要归类分级的。

（4）N的调整：个人提成与集体提成。

根据公式：提成 = $\sum(Q_i \times N_i)$，除了产品不同、客户不同、产品销售地区不同所带来的N（即销售提成比例或金额）的调整外，N的值还应根据个人提成与集体提成的不同情况予以区别设计。

个人提成指的是销售人员个人的成单给自己带来的业绩提成。集体提成就是销售团队中任何一个人的销售业绩，除了个人提成（比如提成2%）之外，再拿出来一些（比如1%）放在一个公共提成池子里，用于这个销售团队做二次分配用，团队里的每个人都有份。为什么要有集体提成？因为如果没有集体提成，销售团队的成员之间可能抢客户、可能对客户信息相互保密、可能不愿意交流分享经验，甚至会互相拆台。集体提成能帮助企业在一定程度上避免这些问题的发生。

集体提成的比例设置多少合适？如果集体提成比例太大，没有个人提成，就变成了吃大锅饭。**一般来说，个人的提成比例要略高于集体提**

成比例，并在实施过程中根据发现的问题对提成比例予以调整。比如，如果发现个人的积极性受到影响，就把个人的提成比例调高一点；如果发现团队集体之间的配合出现较多问题，就把集体提成比例稍微调高一点。总之，要灵活掌握 N 的值。

（5）N 的调整：第一单和后续订单。

根据公式：提成 = ∑（$Q_i \times N_i$），销售第一单和后期订单的提成比例也不一样。第一单就是这个客户原来没合作过，现在第一单已经拿下来了。我建议先给第一单一个开拓奖，具体数额怎么定，不同企业差别非常大，同一个企业也可以根据客户的规模，是大客户、中型客户还是小客户，或者订单的难度来确定。如果是从虎口拔牙，在激烈的竞争中抢食，我们就可以多给一点。如果订单顺手拈来，就可以相对少给一点。只要是销售人员与新客户成交，就给开拓奖（这个开拓奖相当于提高了 N）。

有的企业还有另一种做法：第一单的提成比例比较高，后续的提成比例低一点。因为有了第一次交道，后面的成交就相对容易。至于到底是用开拓奖还是用第一单相对更高的提成比例来激励员工，这得看企业的具体情况，看哪种方式更适用。

常见的情况是，第一单的提成比例和后续订单的提成比例一样，一段时间后，一年或者两年，客户的需求稳定后再调低提成比例。

（6）N 的调整：老销售人员的提成比例调整。

老销售人员手头的老客户很多，如果业务提成比例一直不变，一直比较高，就不愿意开拓新客户了。在政策上，引导老销售人员开拓新客户，也要让他们赚足够多的钱。可取的做法是，提成比例可以在一段时间内保持一个稳定的比例，如 1 年，1 年后提成比例开始下降。第一年的提成比例为 2%，第二年把提成比例降为 1.5%，第三年提成比例降为 1%，第四年以后，提成比例开始降为 0.5%。在这样的制度引导下，老销售人员就得琢磨了：为了保证收入不减少，不仅要维持老客户，还要花力气开拓新客户。

当老销售人员把工作重心放在新客户拓展上后，公司就可以对老客户实行多个人维护的机制。在民营企业里有一个比较突出的现象，这个客户一直都是一个人维护，这个客户就是他的客户。如果他离开这家企业，就可能把他的客户带走。所以，公司在客户维护上应该实行多层次多个人维护的机制。公司不同层次的人和客户不同层次的人都要有对接，领导对领导，销售员对接对方的采购员，一定要把客户维护工作做好。客户的商业服务、技术服务都应该由公司里不同的人提供，因为客户依赖的是公司而不是个人。销售人员走的时候乖乖地把客户信息交给公司，因为这些客户在他离开公司后带不走，客户信息在他那儿没有价值，他不会做损人不利己的事。要设计好公司的客户维护制度，这对保留客户很重要。

薪酬制度的设计要和公司里其他制度相配套，如果没有配套的制度，薪酬就不好做。

（7）N 的调整：淡旺季。

有的产品销售有明显的季节趋势。淡季的时候无论怎样努力，销量都很难提升，旺季的时候，同样的努力销量可以是淡季的很多倍。公司若想让产品在旺季的时候冲量，提成比例可以调高一点。比如月饼，过了中秋节就很难销售了，为了在中秋节前鼓励销售人员冲业绩，公司就可以把中秋节之前成交的销售提成的比例调高一些。

（8）N 的调整：个人客户与公司客户。

所谓个人客户，就是个人通过自己的努力和关系找到的客户。公司客户是主动上门找到公司的客户。两类客户的提成比例有差异，这个差异可以和两种方式结合：一是提成比例不一样；二是可以设置个人开拓奖。个人利用自己的资源开发的客户，公司不但给高一点的提成比例，还给个人一个奖励。公司的客户，提成比例就稍微低一点。这样的薪酬设计能鼓励个人充分挖掘身边的各种资源贡献给公司的业务。

个人业务提成比例更高，还有一个原因就是个人客户的开发都是需要成本的。我通过个人关系开发客户资源，要做感情联络，需要请人吃饭等，这些都是支出的成本，提成比例高一点也是合情合理的。

如果个人的提成比例高，比如是2%，但是公司的提成比例是1%，就要做好一件事——客户管理，否则就会出问题。比如，客户打电话找到公司，接电话的是一个销售助理。销售助理知道，公司客户的提成只有1%。她和张经理比较熟，就可能将公司客户“走私”给张经理，张经理与这位销售助理就侵害了公司利益。所以，客户管理如果跟不上，销售提成方案就会出问题。

总之，销售提成制度要想取得好的效果，配套的客户管理制度、客户分级分类制度等必不可少。企业管理的成效，通常取决于整个管理体系的完善度与配合度，而不仅仅是单个制度的设计。

二、销售管理人员的工资与提成

提要：

➢ 销售管理人员的收入=基本工资+岗位工资+绩效工资+提成+年度效益奖+专项奖+福利

➢ 销售管理人员的绩效工资=工资总额×绩效浮动比例×绩效系数

➢ 销售管理人员的提成=$\sum(Q_i \times N_i)$，Q=销售业绩，N=提成比例/金额

一般来说，销售管理人员指的是销售部的经理，或者是销售总监，他们的工资一般包含基本工资、岗位工资、提成、绩效工资、年终效益奖、专项奖和福利。其中，基本工资和岗位工资是固定薪酬，与销售人员相比，他们的固定收入比较高。提成=$\sum(Q_i \times N_i)$，Q指的是销售业绩，他们的销售业绩可能包含所管辖的部门业绩及个人业绩，不同的公司情况不一样，下面会详细讲解。N指的是对应的提成比例或金额，与

销售人员和销售辅助人员相比，他们的收入中特有的两部分是：绩效工资和年终效益奖。

固定收入：基本工资 + 岗位工资

销售管理人员的固定薪酬相对基层的销售人员来说更高。一方面，考虑到岗位工作本身有一定的管理性质，岗位价值更高；另一方面，考虑到人才的吸引和保留。所以，销售管理人员的固定工资通常比较高，不然难以吸引优秀人才，或者难以留住企业里现有的优秀人才。

绩效工资

绩效工资，顾名思义就是根据绩效考核结果发放的工资。对于有提成的人，为什么还要设置绩效工资？因为作为销售管理人员，除了要完成销售业绩，通常还要承担一定的管理职责和上级交办的其他事务。如果这些工作没有做好，最终会影响公司的业绩和发展。所以，公司通过绩效工资的形式激励销售管理人员做好这部分工作。

有的公司对于销售管理人员只设置提成工资，不设置绩效工资。这样的设计也是可以的，它体现了另一个逻辑：公司认为提成工资里已经包含了对绩效的考核。也就是说，公司认为销售管理人员的管理工作及公司交办的一切事务都是为销售业绩服务的。销售业绩的好坏能够体现这些工作是否已做好。

销售管理人员的提成如何计算

销售管理人员的提成计算分为两种典型情况。一种情况，销售管理人员的团队里有很多业务人员，比如说有50个业务人员。在这种情况下，他的主要工作是带团队，他要帮助团队成员提升能力、形成业绩，而自己不独立做单。作为销售管理人员，他的提成就是下属的团队业绩总和再乘以提成比例或金额，这种提成计算相对比较简单。另一种情况相对复杂一些。作为销售管理人员，他的团队里只有少数几个人，比如说只有两个人。这时候他既要管理团队，自己又要做销售。在这种情况下，团队及个人业绩提成比例该如何设计？一般来说，个人业绩提成比例要高一点。

但是，个人业绩提成比例高一点可能会出现一个问题。因为我也谈单，我的下属也谈单，从趋利角度来看，我有可能会把肥肉留给自己，把汤留给下属。这时，公司要有制度控制好这个问题。制度里要做规定，作为销售管理人员只能做哪些客户、哪些单，或者只能做某个战略性的重点区域。**当销售管理人员既有个人提成又有团队提成的时候，公司要对他们个人的客户范围做出限定。**所以，公司应该对客户的分配做出相应的规定来避免这种现象。

销售管理人员的提成比例如何确定

提成比例的确定是由几个因素决定的：公司的薪酬战略、产品的利润、销售管理人员的总收入水平在行业中的地位、与公司中其他同级别岗位的收入相比的差异等。销售总监的总体薪资水平是根据岗位评价、同行的薪酬竞争环境及企业的战略特点等具体情况决定的。

假设销售总监的薪资总额是 80 万元，他的固定工资占 20%，是 16 万元，绩效工资也占 20%，同样是 16 万元。剩余的 48 万元就是该公司一个标准的销售总监的提成数。当然，在不同的时间里，销售总监实际的提成额是不一样的。实际上，不同的人任职这个岗位提成也是不一样的。

基于 48 万元的提成，如何设计提成系数？在做薪酬设计的时候，我们对总体销量是有预判的。比如，在正常情况下，公司预计的销售收入是 1 亿元，如果公司只有一个销售团队，都归这个销售总监领导，那么，完成 1 亿元的任务，销售总监就可以获得 48 万元提成。当然，提成系数就是销售收入乘以 0.48%。还要设计一个基本销售额，比如 5000 万元，如果没有完成，提成归零。还可以设计一个超越量，比如 1.5 亿元，如果超过，超过的部分可以给予更高的提成比例，比如在

0.48%基础上增加50%，0.48%+0.24%=0.72%。

也就是说，总销量和总监的销售收入基数两个因素相结合，就能知道如何设计提成比例。当销售总监的提成比例确定了之后，针对销售总监的提成制度和具体的实施细则也就出来了。

提成比例是在提成基数已确定，并对未来的销量做出预判的基础上推算出来的。至于在实际工作中，提成具体能拿多少，取决于销售管理人员的业绩。

重要提示：关于销售团队的各类人员的总收入、同岗位评价的关系有两种处理方式：第一种方式：销售岗位（销售人员、销售管理人员和销售辅助人员）参与岗位评价，岗位评价出来的结果就是销售类岗位的总收入（包括提成、绩效工资等）。第二种方式，销售团队的三类人（销售人员、销售管理人员和销售辅助人员）不参加公司的岗位评价，薪酬收入水平单独设计。

知识拓展：销售团队如何扩充

在缺少销售人员的情况下，公司最头疼的问题是如何扩大销售团队。招来的新人哪怕在原来的行业里已是资深销售人员，到新行业做业务也有一个上手的过程，新人要有足够多的客户练手。这个问题怎么解决？老带新，带着新人谈客户，如果出现问题，及时把关。

但是带的过程中会有一个问题，去谈哪些客户？不能拿一些重要的客户做实验。拿重要的客户做实验会造成大的损失，除了老带新外，还要对客户进行分级。找一些不太重要的客户分给他们去练手，比如，客户分成A、B、C、D四个等级，D级的客户就可以给新人练手。

怎么将D级的客户挑选出来？让老业务人员选一些客户交给新业务人员。老业务人员在选客户的时候，肯定会把优质客户留下来，把不好的客户交出来。这样，复杂的问题就简单化了。因为公司判别哪些客户是D级客户是很困难的，但是老业务人员很清楚。他们知道哪些客户是很难谈的，可以交出去给新业务人员练手。练了两三个月之后，公司划出来一个区域，这个区域就归这个新业务人员管了。这样，新人就培养出来了。

新人在营销管理体系不完善的情况下，很难成长也很难留住。老业务人员有一些优势，营销经理也有一些优势。在这种情况下，一些很优秀的新员工就被排挤掉了。所以，公司在缺少销售人员的时候，要注意客户的分配和新业务人员的培养。这是公司在制定政策和制度的时候要注意的。

知识拓展：销售团队的权力分散

在销售型公司，特别是在销售型的民营企业，有一个现象：老板最怕的人就是销售经理。因为靠销售吃饭、靠销售存活，销售干部得罪不起。

把一支部队拆成五支部队，分成五个销售部。五个销售部之间互相竞争，这样就不怕了。很多民营企业老板是怎么起家的？就是从原来的公司里面出来，把客户从原来的公司那里抢过来，员工也是原来的员工，供应商也是原来的供应商。要避免这种情况，我们就要在对销售部进行掌控的时候把权力分散。

权力分散有的时候很难。比如，你已经有销售部经理了，他下面有十七八个人。把这个销售部分开，风险很大，可能会走人。该怎么办？再成立第二销售部、第三销售部，等另外两个销售部发展起来就不怕了。

年度效益奖

在销售管理人员里，销售部经理是中层干部，不一定有年终效益奖。但是销售总监这个层次的销售管理人员应该有年度效益奖。销售总监有一部分收入与整个公司的总体效益挂钩，因为这个岗位的工作会影响公司的整体效益，所以公司效益的好坏应该体现在收入里，形成利益共享，风险共担。

三、销售助理等销售辅助人员的工资与提成

提要：

➢ 销售辅助人员的收入 = 基本工资 + 岗位工资 + 绩效工资 + 提成 + 专项奖 + 福利

➢ 销售辅助人员的绩效工资 = 工资总额 × 浮动比例 × 绩效系数

➢ 销售辅助人员的提成 = $\sum(Q_i \times N_i)$，Q = 被辅助人员的销售业绩，N = 提成比例/金额

销售辅助人员的收入包括基本工资、岗位工资、绩效工资、提成，以及专项奖和福利。销售辅助人员的工作主要是支持业务人员、销售管理人员，这些工作有的没有直接和销售业绩挂钩，工作结果的好坏没法通过提成体现。所以，公司通过绩效考核和绩效工资激励销售辅助人员做好这些工作。

也有一些公司对销售辅助人员不设置绩效工资。公司认为只要销售辅助人员的工作做得好，销售业绩就上去了。这种设置也没有问题，关键看销售辅助人员的工作是否都对销售成交有直接帮助。如果有直接帮助，他的工作成效就可以通过销售业绩反映到提成里。

销售辅助人员的提成

销售辅助人员的提成核算公式仍然是 $\sum(Q_i \times N_i)$，那么 Q 指的是谁的销售业绩呢？看这名销售辅助人员辅助了多少人。比如，一个销售部有 50 人，有 3 个销售助理、1 个销售总监，其他都是一线销售人员。3 个销售助理的工作可能有两种模式的划分：第一种模式，每个销售助理负责支持十几个业务人员的销售工作。第二种模式，3 个销售助理对所有销售人员都提供支持。一个负责联系客户，一个负责安排出入货，

一个负责其他工作。也就是说，不同的销售助理工作内容不一样。**在做提成的时候，这个 Q 值主要看销售助理本人工作覆盖的面，它是被这个销售助理所支持的所有业务人员的业绩之和。**所以，如果是第一种模式，Q 值是这个销售助理负责的十几个人的销售业绩；如果是第二种模式，Q 值是整个销售部的销售业绩。

销售辅助人员的提成比例/金额，也就是 N，一般来说比业务人员和销售管理人员都要低。但是低到什么程度，关键看他的薪酬总额如何定。销售辅助人员的收入一般比公司其他助理类岗位任职者的收入略高。这样做的好处：销售是龙头，有竞争力的薪酬可以把一些有能力、有头脑的人吸引过来。一般来说，销售辅助人员不是特别有冲劲的人，这个岗位的任职者通常是女性，心比较细，处理事情比较聪明、伶俐。如果稍微粗心一点，可能就对销售业务有影响。所以，给较高的工资，才能找来有责任心、做事又伶俐的人。

在薪酬总额已定并对销售业绩有预估的情况下，能推算出如何设计销售辅助人员的提成比例/金额。

销售辅助人员的薪酬固浮比

一般来说，在销售辅助人员的收入中，固定薪酬的比例比销售人员和销售管理人员都要高。销售助理通常是一些聪明细致的小女孩，她们不愿意有太大的工作压力，希望有一个稳定的工作，收入比较体面。针对这类人员的需求，浮动薪资不要太高，固定的薪酬部分相对高一点。比如，薪资的固浮比例是五五开，或者六四开，而业务人员可能是二八开，销售部经理可能是三七开。

知识拓展：制造业（产品类）企业的产品销售

对产品类的制造业来说，销售业绩好的前提是产品好，所以，产品策划、设计、采购、生产、储运配送的工作质量都影响着产品销售。大家要有一个概念，产品卖得不好，不一定是销售部的问题。同样的，产品卖得好，也不一定是销售部的功劳。

销售业绩好坏的关键在于产品和服务能否吸引客户。公司首先要深刻了解客户的需求。比如，现在客户需要小包装的产品，你没有发现，别人发现了，你还在做大包装的产品，你的产品就卖不出去。其次，产品的技术服务、商务服务、维修服务等要跟上，要黏住客户。

销售固然重要，公司各个职能模块之间的配合更重要。在一些直线职能结构的公司，最容易发生部门之间的扯皮。销售部认为产品部门的产品没设计好，产品部认为销售部没有积极拓展渠道，相互推诿。这种内耗是竞争对手最愿意看到的，对于公司来说，最重要的是各个模块团结一致，齐头并进，打造企业产品在市场上的综合竞争力。

知识拓展：复杂的销售提成设计

产品制造业的提成设计相对简单，而工程行业的提成设计就复杂得多。如果公司既做产品又做工程，提成设计就更复杂了。所以，大家在销售提成设计的过程中遇到问题很正常。

很多年前，我们给一家集团公司做销售提成方案，这家公司主要是做沥青业务的。做沥青的公司通常有几种类型：第一类，公司纯粹做沥青贸易业务。从中东国家或者俄罗斯买进沥青，在国内卖出去。这类公司的特点是利润低，但是销量大。第二类，公司除了做贸易，还做工程，比如，运用沥青做铺路和防水工程。工程的毛利率远高过贸易，但是工程的量不像贸易的量那么大。第三类，公司除了做贸易和工程外，自己还生产产品，比如彩色沥青、乳化沥青等。自己生产的产品有的直接销售出去，有的用到自己的工程里，这家公司就属于这一类。

这家公司的销售提成设计很复杂，我们的项目组在做销售提成方案设计的时候，花了将近一个月的时间都没有搞定。然后，项目经理就给我打电话："曹总，您能不能过来一下。"我说："什么事？"他说："我轻易不会求助于您，但是我们现在搞不定，我们提出的想法，客户总是认为没说到要害，总认为方案有问题。"我过去了，项目经理把情况讲了一遍，讲完之后我就在想，回到酒店也在想，半夜两三点的时候我突然想明白了。

第二天，我给项目团队把所有的情况一一做了梳理。首先，业务分为贸易和工程两大类。其次，无论是做贸易还是做工程，里面都有招标的和非招标的业务。另外，有的订单靠销售人员自己的努力就能成交，有的业务不仅靠销售人员，还要请事业部老总及技术人员一块去才能谈下来，这时候的提成肯定不一样。有的情况更复杂，事业部老总谈了半天谈不下来，集团总裁就要出面，提成肯定又不一样。此外，有的客户信息来自公司，有的客户信息来自业务人员自己的关系，提成也应该有区别。

跟项目团队说完后，我又跟董事长进行了沟通。董事长最后跟我说："曹老师，你的方案完全符合我的要求，只不过之前没有人给我理得这么清楚、这么有条理。"

我们归纳一下，销售提成到底该怎么设计？所有对成单有贡献的人，都应该考虑给一定的提成。对业务人员来说，借用的其他资源越多，提成就越少。而具体在做销售提成方案的时候，由于每个公司业务不同，提成的设计都会有差异。

温习与强化

销售类人员包括三类：一是销售人员，二是销售管理人员，三是销售辅助人员。这三类人员都直接为公司的销售业绩做贡献。在他们的薪资构成中，提成是最主要的收入来源。

销售类人员的提成公式都是$\sum(Q_i \times N_i)$，其中Q = 销售完成金额或销量，N = 提成比例或金额，i 表示某一种产品。针对不同类别的销售人员，Q 值和 N 值的确定有所区别。

对一线基层销售人员来说，个人提成的 N 值设计跟很多因素相关：产品的种类、产品的客户类别、产品的销售区域、订单的性质（第一单还是续单）、客户的性质（个人客户还是公司客户）等。个人提成的

Q 值则是基层销售人员自己的销售业绩。除了个人提成外，基层销售人员可能还有一部分集体提成。

销售管理人员有两种类别：一种只承担管理职责，不直接做销售；一种既承担管理职责又独立做销售。对前者来说，Q 值指的是整个销售团队的工作业绩；而对后者来说，Q 值既有团队的销售业绩，又有个人的销售业绩。在个人销售业绩与团队销售业绩并存的情况下，通常个人销售业绩对应的 N 值要高于团队销售业绩对应的 N 值。为了防止销售管理人员独吞优质客户资源，有必要对这类销售管理人员的业务范围做一个限定。

对销售辅助人员来说，Q 值是被这个销售辅助人员所支持的所有业务人员的业绩之和。N 值则是根据销售辅助岗位的薪资总额与预期的销售业务量两个因素推算出来的。

特别提醒：提成工资制不是独立存在就能发挥激励效果的，它必须和企业里其他的销售管理制度相配套，形成一个较为完善的销售管理体系才能更好地激励员工。

四、提成方案的其他要点解析

提要：

➢ 销售提成一般是基于销量或销售收入。

➢ 销售管理要注意产品价格的控制、业务费用的掌控和业务界限的区分。

思考：销售业绩是以销量、销售收入还是销售利润衡量

面对这个问题，首先我们假设是以利润为基础做销售提成。那么，利润要怎么算出来？大家都知道，利润等于销售收入减去材料成本、制

造费用、销售费用、运输费用等。如果基于利润算销售提成，那么销售人员就要关心成本费用了。但是，实践中发现大多数企业都没有以利润作为提成核算的基础，这是为什么？

第一，销售人员对成本费用不可控。成本费用的高低跟很多因素相关，对销售人员来说，没有办法直接控制成本费用。既然销售人员无法控制成本费用，就不能对销售人员进行这方面的考核。

第二，公司不愿意将成本费用情况公开。实际上，公司对成本费用基本上是保密的，都不愿意让竞争对手有机会了解自己的底价。

第三，公司的利润核算比较复杂，销售人员难以理解，也不一定相信。对于成交的订单，管理费用怎么摊、财务费用怎么摊、大家难以达成共识。

所以，企业一般通过销量或销售收入衡量业务人员的销售业绩。同时，基于销量或者销售收入核算销售提成。注意：销量都是可以换算成销售收入的，本质上是一回事。

产品价格控制

对销售人员来说，只要成交就有收益，可能导致销售人员只顾自己的提成，不管公司是否有利润。所以，产品销售价格控制很重要。

控制价格的关键是公司一定要具备定价的能力。什么叫定价的能力？光有这个权利是不够的，还要有充分的信息，要掌握市场的成交信息。没有成交信息，控价是无法实现的。**谁掌握了市场信息情况，谁就有了定价的能力。**所以，公司里要有专门的岗位来搜集行业信息。

行业内的市场信息很多，但是不能轻易获得，因为竞争对手是不会主动透露的，我们要想方设法拿到竞争对手的销售价格信息，并基于对产品的成本结构分析，对所得销售价格信息的真实性予以核实：根据材料成本、制造费用、销售费用等费用评估，这个量能不能卖这个价、卖这个价会不会亏本。有了行业竞争对手的信息，我们就有底气进行博弈。

此外，公司要做好定价，还需要业务人员跟公司一条心。业务人员将跑市场了解到的情况和各种产品的价格信息告诉公司，公司要针对这些信息建立统计分析系统，得出竞争对手的产品销售价格，这样就有利于公司做正确的定价。反之，如果业务人员心存异心，而且公司不掌握产品市场销售价格，就有可能出现业务人员跟客户合伙蒙公司，一起压低公司的价格，成交之后将压低的部分再分赃的情况。所以，公司在做销售管理的同时要注重企业文化建设，要让员工在企业核心价值观的引领下有一定的信仰。钱固然重要，但是信仰比钱更重要，人不能突破信仰的底线。文化熏陶是长期的，得通过管理人员的行为来体现。假如公司某个销售人员特别能干，但是突破了公司的诚信底线，公司领导就要有决心严格整治。要让大家都认为这样做不行，这样的行为是可耻的，往后都不敢这么做。所以，公司的文化影响很重要。

公司在获取了足够的市场信息后，就不会轻易改变定价或者放弃某个订单，这样成交的可能性就更大。所以建议公司设置专岗来搜集市场信息，建立行业的数据库，帮助公司提升产品定价能力。

业务费用的掌控

销售管理上的另一个问题是业务费用的掌控。公司在做业务的时候，不给销售人员业务费，业务就做不了。

比如，一家贸易公司，一个业务人员请家里人吃了一顿饭，花了两千多元。吃饭的时候，正好被公司的会计看到了，但是业务人员自己不知道。这位业务人员事后就来公司报销，会计就没有同意，并将情况告诉老板。公司怎么处理这个问题？

我建议把复杂问题简单化，把客户分成不同类别后，给不同类别的客户设置不同的业务提成比例，这个提成比例包含业务人员的招待费用。至于招待不招待，公司不管。这是很多公司目前用的比较靠谱、比较有效的方式。

必须清楚业务界限

此外，不同销售人员的业务界限要进行区分，避免跨界窜货。如果一个客户五个销售人员去打单，客户自然会认为公司管理很乱。花了五个人的代价，事情还不一定做得好。客户的边界要管好，避免出现这样的情况。但是在客户的边界清晰区分的同时，注意这种情况：我的客户反正保护起来了，暂时不做，等三个月或者五个月再做。大家注意到，这个客户并不属于我们公司，可能在我们不做的时候被其他公司抢走了。如果销售经理发现某个客户在一段时间内没有被维护，应该做一定的干预，必要时将客户资源进行有序的调整。

第七章

生产人员的薪酬如何设计

生产人员的薪酬模式一般有三种：产量工资制、计件工资制和收益分享计划。

产量工资制和计件工资制的区别在于：前者主要核算集体工作成果（因为个体工作成果难以计量，比如，矿山企业中的选矿业务，一吨矿产品是由多人完成的，无法计算出某一个工人的工作量），以产量为基准，计算所对应的个人的报酬，所以，称之为产量工资制。后者主要核算个体工作成果所对应的报酬，可以用“件”为单位计数，所以，采用的是计件工资制。

收益分享计划是一种企业与员工分享因生产率提高、成本节约和质量提高而带来的收益的绩效奖励模式，它是一种针对团体的激励方案，是从内部挖潜带来的收益。**前面讲到利润分享，主要是鼓励员工从公司外部为企业获取收益、提升利润。**

一、产量工资制结构及设计要点解析

提要：

➢ 产量工资制收入＝基本工资＋岗位工资（可包含技能工资）＋绩效工资＋（超额）产量工资＋附加津贴＋专项奖＋福利

➢ 超额产量工资＝$\sum(P-P_0)\times I$－残次品经济损失

产量工资制的总收入一般包含基本工资、岗位工资、绩效工资、（超额）产量工资、附加津贴、专项奖和福利等。

基本工资和岗位工资：有些企业分开，有些企业合在一起。

基本工资人人相同，必须在企业所在地的法律工资线以上，一般不会高出很多；岗位工资主要是考虑不同工种的差别。另外，有的企业对基层生产管理人员（如班组长）增加了岗位工资，而工人没有岗位工资，只有基本工资。有的企业将岗位工资与技能工资相结合，不同技能等级的生产人员的岗位工资有区别。

绩效工资的设计，主要考虑生产人员在生产工作完成之外可能需要做其他工作。为了激励生产人员将生产工作以外的事情做好，设置了绩效工资。如果生产人员在从事生产之外没有其他工作安排，绩效工资则可以取消。

附加津贴是考虑生产环境恶劣，比如，在高温、高湿、粉尘、噪音、高原、井下，甚至有毒的生产条件下生产，给予生产人员一定的津贴作为补偿。

（超额）产量工资 = $\sum(P-P_0)\times I$ − 残次品经济损失

在这个公式中，P 指的是实际生产完成量，就是已经完成了多少产量；P_0 指的是基准产量。有的公司将基准产量定为 0，只要生产人员有产量就计发产量工资；有的公司要求员工在完成一定的基准产量之后，超额的产量部分才计发产量工资，没有超额的部分是不计算产量工资的。I 指的是产量工资系数，产量工资系数的值非常难确定，需要反复测算。如果测算有误，会带来麻烦。

我辅导过一家生产型企业（手工为主），对生产线的工人运用了产量工资制。为了测算基准产量和产量工资系数，我在生产车间观察了一两个月。当时的薪酬水平设想是：给工人平均约 2500 元的总收入，其中，基本工资固定 1200 元（设计了一定的基准产量 P_0），超额产量工资 1300 元（按照比较高效率的生产能力计算）。当设计好的工资制度实施之后，发现工人的潜能实在太大了，生产效率远超出当初设计薪酬方案时候的预计，结果是他们都拿到了非常高的产量工资。可是一段时间后，由于前期效率太高，订单全部生产完，工厂就没有活干了。但是，照样拿基本工资。

这件事告诉我们，**基准产量和产量工资系数的测算非常重要，最好试行一段时间再做一定的调整，而且公司要有足够的订单，保证平稳生产。**

残次品经济损失：在生产过程中，不可能所有的产品都是合格品。所以，在（超额）产量工资的计算公式中，需要减去残次品经济损失。这个规定需要事先写在薪酬管理制度里面，避免执行过程中与工人扯皮。

残次品的经济损失可能有两种情况：

（1）次品率超出了公司的要求，多出来的残次品价值。

（2）除了不合格产品所造成的经济损失外，有的工人为了让产品合格，一件产品重新做了几次才合格，在这种情况下，产品重做过程中造成的人工损失、设备损耗和辅料损耗等同样带来不少经济损失，只是比起完全报废挽回了一些损失。

对于这种情况，公司要做清晰的规定：产品重做过程中造成的人工损失、设备损耗和辅料损耗等是不是统一算作残次品的经济损失？我建议算，不能有的算，有的不算，制度上要保证平等。在制定制度的时候，可以公开讨论，与工人充分沟通，以求获得大家的认同。

二、计件工资制结构及设计要点解析

提要：

➢ 计件工资收入 = 基本工资 + 岗位工资（可包含技能工资）+ 绩效工资 + 计件工资 + 附加津贴 + 专项奖 + 福利

➢ 计件工资 = 合格品数量（工作量）×计件定额（单价/每件）－残次品经济损失

产量工资制和计件工资制都是针对生产人员的激励性薪酬方案。产量工资制主要用来核算集体工作成果所对应的报酬。比如，土石方和矿山的开采、汽车等大型装备的制造生产。计件工资制主要是计算个人独立工作成果所对应的报酬。比如，生产服装的工人按件对衣服进行缝制、电子厂的工人按件对产品进行焊接等加工。这两种薪酬方案的要点基本一样，两种方法可以互换。到底是使用计件工资制还是产量工资制，取决于哪种方法对企业更方便。

计件工资 = 合格品数量（工作量）×计件定额（单价/每件）－残次品经济损失

计件工资的核算方式比较简单。首先确定计件定额，就是每件产品的单价。然后计算工人生产的合格产品的数量。两者相乘减去残次品所造成的经济损失就是应发的计件工资。

三、生产部门的团队激励：收益分享计划

提要：

➤ 收益分享计划是一种企业与员工分享因生产率提高、成本节约和质量提高而带来的收益的绩效奖励模式。

➤ 收益分享计划适用于企业的成本中心和费用中心，不适用于利润中心。

收益分享计划是企业与员工分享因生产率提高、成本节约和质量提高而带来的收益的绩效奖励模式，它是一种针对团体的激励计划。**收益分享计划适用于企业的成本中心和费用中心，不适用于利润中心。**

有一家生产 PCB 电路板的工厂，一共有九道生产工序，工序之间是供求关系。每一道工序可以单独核算利润，主要影响是产品合格率。也就是上一道工序给到下一道工序的产品合格率越高，总成本越低，利润也就越高。怎样提升每道工序的产品合格率？利用收益分享计划。每

道生产工序先定一个基准合格率，这个基准合格率要参考行业里优秀企业在这道工序上的产品合格率。比如，同一道工序，优秀企业的产品合格率达到94%，那么就以94%作为基准合格率。如果工厂里的工人在这道工序的产品合格率超过了94%，比如达到了96%，那么超过的这两个点所产生的利益就由公司和生产团队分享。一般来说，公司拿小头，生产团队拿大头。

有些人会有疑问，公司拿小头，公司是不是亏了？没有亏。首先，基准合格率94%是优秀企业的产品合格率，本身就是比较高的标准，当产品合格率达到94%的时候，公司已经赚了。其次，如果产品合格率超过94%，相当于公司在赚了的基础上又得到了一部分收益。虽然当实际产品合格率超过了基准合格率时，生产团队拿的是大头，但是当实际产品合格率低于基准合格率的时候，生产团队要承担的也是大头。

实行这样的收益分享计划后，生产团队卯足了劲，努力提高产品合格率，同时生产团队的收入也更多，这样就形成了良性循环。外面的人听说公司工人的收入很高，都托关系往里钻。应聘的候选人多了，公司就有了挑选的余地。只要公司的制度设计好，就不愁没有能人。

我辅导的一家宁波企业，是一个集团公司，公司的储运部门有49个人，明显偏多。我是管理顾问，为了精减人员，企业老板肖总费了很多心思。一次我在企业的时候，肖总对我说："曹老师，我知道这个部门人员明显超标，根本用不了这么多人，但是很多人是熟人介绍来的，又不好给开掉。怎么办？"我先给肖总介绍了收益分享方案的一般做法，我建议他采用收益分享方案，就是通过"减员增效"实现目的。在具体操作上，我建议肖总给储运部的部门经理下任务，让他来实施。肖总对储运部提出的目标是部门人数控制在30人，具体裁掉谁由部门经理提名，然后报人力资源部核定，被裁掉的人按照公司制度给予补偿，这个任务必须完成。

裁员完成后，储运部留下来的人员平均收入水平提高30%。为什么提高30%？20多个人干了原来40多个人的活，比原来累，但是收入增加了，大家干活更有积极性。实际核算过，这个部门每个月的人工总成本比原来降低2万多元。这个方案实施后，员工获利，公司也获利，这是一种双赢的结果。

怎么设计收益分享计划？首先，确定收益分享计划的目标是什么。是要提高产品的合格率还是要控制人员编制，目标要清晰。其次，确定标准值。标准值通常来自对标杆企业的研究。比如，标杆企业的产品合格率是多少？标杆企业某个部门的人员编制是多少？然后，依据标准值进行测算，达到标准值后企业会有多少收益？超过标准值后，企业又将有多少收益？根据测算结果确定在公司和团队之间如何分配最终获得的收益。最后，决定在员工内部如何分配团队的收益额。

第八章

岗位绩效工资制及适用岗位

实施岗位绩效工资制的岗位，其收入主要是岗位工资和绩效工资，称之为岗位绩效工资制。它适用于企业的研发、技术等专业人员，中层管理人员和特殊人才。

它与适用于高管的年薪制的区别在于：高管年薪制中的绩效工资同时与公司绩效及个人绩效挂钩，而岗位绩效工资制中的绩效工资一般只与个人绩效挂钩，或者同时与部门绩效及个人绩效挂钩。

一、岗位绩效工资制解析

提要：

➢ 岗位绩效工资制收入 = 基本工资 + 岗位工资 + 绩效工资（月度/季度 + 年度） + 综合效益奖（即年终奖） + 专项奖 + 福利

➢ 一般来说，岗位层级越高，浮动工资占比越大；岗位层级越低，浮动工资占比越小。

岗位绩效工资制的构成一般包含基本工资、岗位工资、绩效工资、综合效益奖、专项奖和福利。

其中，基本工资和岗位工资是固定薪酬的部分，固定收入要有竞争力，才能留用、吸引有能力的人。

绩效工资主要与员工个人绩效挂钩，体现对员工的激励，绩效工资的比例后面有专题讲解，不过，一般绩效薪酬在总薪酬中的占比小于40%。

综合效益奖即年终奖，一般与公司的总体效益挂钩。

专项奖有开拓奖、创新奖、节约奖、质量奖、引见人才奖等，所有的奖项都是对员工的引导，把公司鼓励的行为或结果通过设计成奖项引导员工朝着公司希望的方向努力。奖项的设置主要是体现企业的战略意图及组织的价值取向。

固浮比：浮动工资占比

绩效工资在工资总额中所占比例称为固浮比，浮动工资占比越大，激励程度就越高，但是同时带给人的压力也越大。对企业不同层级的员工来说，薪资浮动比例的设置有一定的原则。**一般来说，岗位层级越高，浮动工资占比越大；岗位层级越低，浮动工资占比越小。**因为企业层级越高的任职者对企业经营效果的影响越大，而基层员工的工作主要在执行层面，自我发挥空间较小。

绩效系数

绩效考核系数是连接绩效与薪酬的一个接口。绩效考核结果的优劣对应不同的绩效考核系数。有的公司绩效考核系数设计得较为平滑，如表 8-1 所示，不同等级的绩效考核系数差距不大。这样的绩效考核系数设计适用于对绩效薪资差异较为敏感的企业。而有的企业不同绩效等级对应的绩效考核系数差距较大，甚至将最低的绩效考核系数设计为零，如表 8-2 所示。这体现的是一种多劳多得、少劳少得的强绩效文化。

表 8-1　员工绩效考核系数设定（例）

考核分数	根据部门考核等级 & 员工的考核分数，进行强制性正态分布				
考核等级	卓越	优秀	合格	需改进	不合格
等级代号	AA	A	B	C	D
员工绩效系数	1.3	1.15	1.0	0.85	0.8

表 8-2　绩效考核得分等级划分及绩效系数对应表

绩效考核得分	(100，120]	(90，100]	(80，90]	(70，80]	(60，70]	(50，60]	≤50
绩效考核等级	A	B	C	D	E	F	G
绩效系数	1.2	1.0	0.9	0.8	0.6	0.4	0

注意：**企业里任何一个制度，如果没有对多数人有利，这个制度就有问题**。这是适用于企业制度建设的一个通用法则。

如前面提到的，**最高绩效等级对应的绩效考核系数一定要超过1**。否则，被考核对象会感觉公司通过绩效考核将自己的工资扣除了一部分。不过，比较遗憾的是不少企业在实施绩效薪酬的时候没有遵循这个原则，员工排斥绩效考核，最终导致绩效考核失败。绩效考核失败的企业就错误地认为绩效考核本身有问题，从此不再实施绩效考核。实际上，不是绩效考核本身有问题，而是企业没有设计出好的绩效考核方法，没有正确实施绩效考核而已。

在最高绩效系数大于1的情况下，企业还需注意绩效目标值的设计。如果绩效目标值设计得过低，人人都能轻易完成目标，绩效激励就失去了意义。所以，绩效目标的设置需要有一定的难度，但是，要让员工跳一跳可以够得着。

前面的两张表的设计是绩效薪酬设计成败的关键因素之一，如何设计出符合公司实际需求的考核分数、绩效等级、绩效系数表呢？

绩效系数设计有三种典型模式：

第一种模式，在绩效考核时设定了绩效目标值。当员工完成绩效目标值时，对应给1的绩效系数，而在员工未完成绩效目标值时，对应给零的绩效系数。也就是当绩效目标完成时，绩效工资拿到100%，而在绩效目标未完成时，绩效工资一分没有。这种模式在企业的特殊时期可以采用。比如，我们辅导过的企业在上市前期就采用过这种方式，公司按照上市的各项指标要求分解给公司人员相应的指标。公司上市前的努力只有两种结果，要么上市，要么没上市，因此公司给员工定目标值的时候也是两种结果，要么是零，要么是1，完成目标就是1，没有完成就是零。同时，也可以把公司的原始股票分给员工一些，让员工把公司上市当成自己的事情。

第二种模式，绩效系数与绩效分数成正相关性，类似于一个线性方程。比如，当绩效分数为40分时，对应0.2的系数，当绩效分数为50分时，对应0.4的系数，以此类推。

第三种模式，在第二种模式的基础上有一点变化。当绩效考核结果超出了挑战值的时候，如打分超过100分，对应的绩效系数有一个大比例的提升，如1.2。如果超过120分，对应的绩效系数可以是1.5，以鼓励员工突破绩效挑战值。

绩效工资的来源

企业在推行激励性薪酬方案时，都会涉及绩效薪酬来源的问题。绩效薪酬一般有三种来源：

第一种，来源于员工原有的工资，在原来的固定工资中拿出一部分（比如20%）做绩效薪酬，根据绩效考核结果发放。

第二种，来源于公司新增加的工资，也就是增量工资，就是说公司的绩效薪酬是公司增加的这部分。

第三种，存量工资与增量工资各占一部分。一般来说，以增量工资做考核，绩效考核推行的阻力更小。从原有工资中拿出来一部分做绩效考核，一般大家都不愿意。而当公司拿出新的工资部分做绩效考核时，原有工资没有减少，员工一般更容易接受，但给公司增加人工成本负担。

我们建议公司在工资需要普调的时候推行绩效考核。比如通过核算，工资普调增加的薪资幅度是15%，但是公司认为15%的浮动工资带来的激励性不够。这时，公司可以与员工商议，从原来的工资中再拿出来5%做绩效考核，也就是总计20%的浮动工资。对员工来说，从原来的工资中拿出5%是有商议空间的，因为绩效考核的最低等级可能对应的是0.6的系数，而0.6的系数所对应的绩效工资高于员工拿出来的5%的工资部分。所以，员工哪怕得到了绩效的最低等级，薪酬总额也没有减少。存量工资与增量工资相结合的方式既能帮助企业缓解人工成本压力，又有利于提升员工对绩效考核的认同度。

综合效益奖（年终奖）

综合效益奖指的是与公司绩效和员工绩效都挂钩的奖金，多数在年终核算和发放，也称为年终奖。

一般来说，年终奖有三种设计模式。

第一种模式，奖金额度以每个人的月工资为基数，根据公司的业绩拿 N 月的工资。公司效益越好，N 值越大。比如，公司效益从低到高分成五档，1、2、3、4、5。那么，每个人的年终奖也分成五档，对应公司的效益分别为“0－1－3－6－12”个月的工资作为年终奖。比如，张三的月工资为 8000 元，公司的效益还不错，达到了 4 档，张三的年终奖对应 6 个月的工资，就是 8000×6＝4.8 万元。

第二种模式，年终奖由公司业绩及个人绩效决定，年终奖＝N 个月的工资×k（个人绩效系数）。这种模式是在第一种模式基础上增加了个人绩效系数，作为年终奖的依据。

第三种模式，年终效益奖＝效益奖金额度×个人效益奖金分配系数（本人年度薪酬基数×本人年度考核系数）/∑（参与年度效益奖金分配个人年度薪酬基数×个人年度考核系数）。

二、研发人员、技术人员和专业人员的激励性薪酬方案

提要：

➢ 研发人员、技术人员和专业人员是适合应用岗位绩效工资制的人群。

➢ 为了鼓励专业人员提升专业技术水平，一些公司在岗位绩效工资制的薪资构成里增设了专业技术工资。

企业里的研发人员、技术人员和专业人员是适合应用岗位绩效工资制的人群。其中，专业人员包含设计、人力资源、财务、翻译等专业岗

位的任职者。

研发人员、技术人员和专业人员的主要收入来自岗位工资和绩效工资。除此之外，一些技术主导型的企业还通过员工持股的方式激励企业的专业人才。与高管的实名持股方式不同，这些员工的持股方式一般由他人代持，如工会主席或法人代表。

有一些企业为了鼓励研发人员、技术人员和专业人员提升专业技术水平，在岗位绩效工资制的薪资构成里增设了专业技术工资，即根据员工不同的技术等级水平发放专业技术工资。

企业在薪酬设计中体现出来的对专业技术水平的认可，有助于激励企业内优秀的专业人员专注于技术工作，并不断提升技能水平。如图8－1所示，我们可以看到技术研发与销售序列的最高薪资比管理序列仅低一个等级。也就是说，最牛的技术研发人员与最牛的销售人员的薪资水平可能仅仅低于公司的总经理，与公司副总持平。

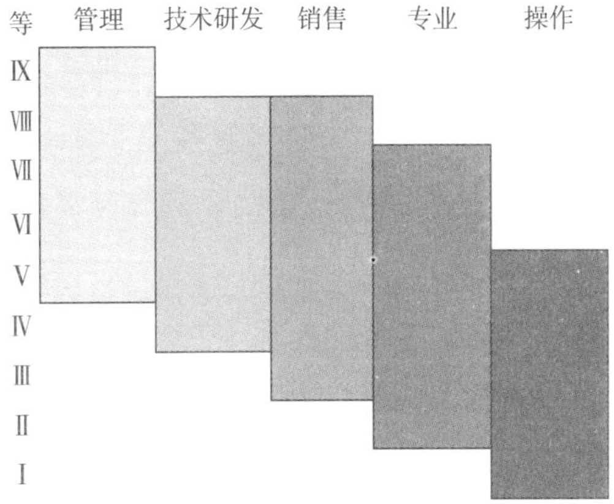

图8－1 职位薪酬等级示意图（1）

而在图8－2中，技术研发人员的薪资甚至能与公司的最高管理者持平。这体现了公司对技术研发人员的高度重视。我们推测，这张职位薪酬等级示意图很可能来自一家以技术研发为主导的企业。企业靠技术吃饭，技术研发人员的实力决定了公司的实力。在这种情况下，企业更应该为技术研发人员提供一条职业发展路径，以高额的薪酬激励大家成为技术骨干。

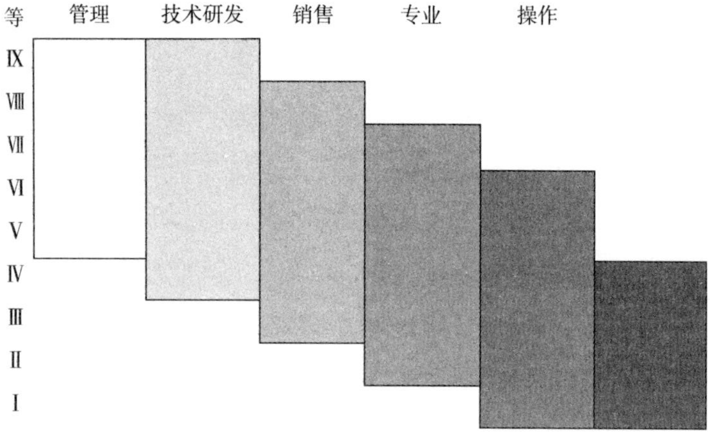

图 8-2 职位薪酬等级示意图（2）

三、中层管理人员的薪酬——岗位绩效工资制

提要：

➢ 岗位绩效工资制同样适用于企业的中层管理者。

➢ 中层管理人员的绩效工资可能需要同时与部门和个人两个层面的绩效考核挂钩。

企业的中层管理人员适用的薪酬模式也是岗位绩效工资制，他们的主要收入来自岗位工资和绩效工资。中层管理人员的薪资水平需要有足够的竞争力，一般对标外部薪酬的 50P 以上，以帮助企业吸引优秀人才，形成强有力的中坚力量。

中层管理人员的绩效工资除了与个人绩效考核挂钩外，还可以同时与部门绩效考核相关联，因为中层管理人员通常承担了部门的管理职责。在一些规模较小的企业，中层管理人员除了承担管理职责外，可能还兼任一部分执行层面的工作。比如，人力资源部仅有三个编制，部门经理可能不仅承担经理的职责，还承担招聘和培训模块的具体事务。在这种情况下，部门经理的绩效考核就需要兼顾部门与个人两个层面。

有些实施员工持股的企业，也对中层管理人员开放，允许他们持股。但是，大多数不是实名持股，而是由他人代持。

四、协议工资制（或薪酬特区）

提要：

➢ 协议工资制针对的是特殊人才的激励性薪酬方案，不纳入公司正常薪酬体系。其主要特点是薪酬水平非常高，具体收入水平在双方协商后签订协议。

➢ 协议工资制一般需要做绩效考核。

➢ 协议工资收入 = 固定工资 + 绩效工资（月度/季度 + 年度）+ 综合效益奖 + 福利

对企业来说，人才市场稀缺的关键岗位人才或企业重点吸引和留用的高级人才，需要给予特殊待遇。特殊人才的工资水平非常高，通常无法纳入公司已有的薪酬体系，采用协议工资制。

协议工资设立的原则有三个：

其一，市场定价原则。特殊人才的薪资以市场价格为基础，由双方依据人才市场供求关系、地区薪资水平、个人工作业绩、个人工作能力等因素谈判确定。

其二，保密原则。为保障员工顺利工作，对执行协议工资制的员工及其薪资严格保密，员工之间严禁相互查询。

其三，限量原则。享受协议工资制的员工数量实行动态管理，依据公司经营效益及发展情况限制总数，宁缺毋滥。

协议工资主要由固定工资和绩效工资构成，故我们将协议工资的内容纳入本章“岗位绩效工资制”里。绩效工资的约定是协议工资的一个重要部分，因为企业通常不确定高薪聘请的特殊人才能否为企业带来预期的价值，故在工资约定中将部分薪资设为绩效工资，在特殊人才达到了企业约定的绩效目标后，再兑现这部分绩效工资。

思考：岗位绩效工资制与年薪制的差异

（1）岗位绩效工资制中叫绩效工资，年薪制中叫绩效年薪。

（2）年薪制的绩效年薪既要同个人绩效挂钩，又要同公司绩效挂钩，而且公司绩效对绩效年薪的影响更大，岗位绩效工资制中的绩效工资通常只与个人绩效挂钩。

（3）年薪制中绩效年薪在年薪制的工资总额中占比很高，多数超过50%，而岗位绩效工资制中绩效工资比重一般比较低，基本上不超过50%。

（4）年薪制中的绩效考核周期一般是年度考核。

温习与强化

岗位绩效工资制主要适用于企业的研发人员、技术人员、专业人员、中层管理人员和特殊人才。它的主要构成一般包含基本工资、岗位工资、绩效工资、综合效益奖、专项奖和福利。其中，为了鼓励企业的技术人员、研发人员和专业人员提升专业技术水平，有的公司还在工资构成中为这类人员增加了专业技术工资。

所谓岗位绩效工资制，也就是说适用人群的主要收入来自岗位工资和绩效工资。绩效考核是岗位绩效工资制实施的一个重要部分。一般来说，绩效工资占比越大，岗位激励程度就越高，带给人的压力也越大。对企业不同层级的员工来说，岗位层级越高，薪资浮动比例越大；岗位层级越低，薪资浮动比例越小。对推行绩效考核的企业来说，绩效工资的来源有三种模式：一是来源于工资的存量部分；二是来源于工资的增量部分；三是存量工资与增量工资各占一部分。其中，存量工资与增量工资相结合的方式既能帮助企业缓解人工成本的压力，又有利于提升员工对绩效考核的认同度。

第九章

薪酬管理的七大原则

案例 8

制样师杨军在某运动鞋企业工作了 5 年，月工资固定 3500 元。他的技术水平高，工作努力，深得领导重用。考虑到公司领导对自己不错，几次 5000 元月薪的跳槽机会都放弃了。最近得知一个新来的同事的工资竟然有 5800 元，杨军待不下去了，马上找到公司领导递交了辞职书。杨军很快在另一家运动鞋企业找到了同样的工作，月薪 6000 元，还有月奖、年终奖。杨军走后两个月内，又有一批骨干员工辞职，其中几个人到了杨军的企业。

思考：案例中的企业在管理上存在什么问题

这个案例集中体现了薪酬管理中常见的几大问题：

第一，薪酬内部不公平。作为技术水平高、工作努力的老员工，杨军的工资是 3500 元，新同事的工资 5800 元。同岗位，新员工工资普遍比老员工工资高，这是很多企业都存在的现象，根源是企业的调薪机制不完善。杨军在这家企业干了 5 年，月工资固定 3500 元。哪怕工作做得不错，5 年时间也没有涨薪。所以，当杨军获知新员工的工资后，内心无法平衡。很多公司都期望薪酬内部不公平的问题能通过薪资保密解决，但是国内企业在这一点上通常执行得不太好，缺乏薪资保密的文化。我在美资企业做 COO 的时候，就发现美资企业对薪酬保密这件事同国内的很多小型企业相比氛围完全不一样，大家都认为薪资是每个人的隐私，不能随便问。但是在中国的企业，特别是国企，薪资保密基本上很难实现。所以，企业首先在制度上要保证薪资设计的内部公平性。

第二，薪酬没有市场竞争力。杨军作为制样师，曾经有几次 5000 元月薪的跳槽机会，这说明制样师这个岗位的市场薪资水平已经远远高于 3500 元。虽然杨军出于对企业的感情没有跳槽，但是感情和工资是两回事，企业不要期望通过感情做投资达到留人的效果。特别是杨军走了之后，企业老板依然没有及时反省，没有对已经过时的薪资体系做出调整，导致一批骨干员工离职。

第三，薪酬缺乏激励性。杨军的工资固定3500元，尽管他的技术水平高，工作努力，深得领导重用，依然没有因为绩效好而多拿一分绩效工资。而他跳槽去的那家企业，不但薪资水平具有市场竞争力，还设置了月奖、年终奖等带有激励性的薪资项目，因此能够吸引杨军及其他骨干员工。

第四，薪酬战略导向性不明显。制样师在运动鞋企业属于核心岗位，但是企业并没有对核心岗位的薪资做结构性倾斜，甚至还出现了关键岗位的工资远远落后于市场薪资水平的现象。

除了案例展现几点外，薪酬管理中较为常见的问题还有：

第一，薪酬缺乏经济性，没有考虑企业的持续发展。薪酬设计的经济性强调的是企业必须充分考虑自身发展的特点和支付能力。从短期来看，企业的销售收入扣除各项非人工费用和成本后，要能够支付起所有员工的薪酬。从长期来看，企业在支付所有员工的薪酬及补偿所用非人工费用和成本后，要有盈余，这样才能支撑企业追加和扩大投资，获得企业的可持续发展。

第二，薪酬万能论。有的企业认为只要给的薪酬高，员工就愿意做牛做马。殊不知金钱留人，事业留心，文化留魂。有的人拿钱多，但可能人在曹营心在汉。所以，金钱必须和尊重、赞美、关爱、包容、信任、成就、批评、发展、荣誉等激励进行组合，才能最大限度地发挥出对员工的激励效应。

第三，薪酬违反国家法律法规。薪酬的合法性是薪酬设计的基本原则，如果薪酬的条款触犯了国家的劳动法律法规，可能会给企业带来无数的劳动诉讼和仲裁。所以，这是企业特别需要注意的。

结合上述薪酬管理常见的七大问题，我们相应总结了薪酬管理应该注意的七大原则：

（1）内部公平性原则。

（2）市场竞争性原则。

（3）激励性原则。

（4）战略导向性原则。

（5）经济性原则。

（6）兼顾非薪酬激励原则。

（7）合法性原则。

此外，要想成功做好薪酬管理，读者还需注意：

（1）薪酬方案必须易于理解，收益易于计算。薪酬要有可计量性和可预见性。如果薪酬方案设计过于复杂，一是会导致企业薪酬管理成本过高，二是会导致企业员工难以掌握游戏规则，并根据企业的激励导向行动。

（2）薪资水平需定期调整。薪酬制度的设计并不是一劳永逸，企业应时刻关注市场薪资水平，并根据市场薪资的情况定期调整企业内部的薪资水平，以保证企业薪资的外部竞争力。

（3）鼓励多层次人员参与薪酬制度的设计与管理。在薪资制度设计的过程中，不同层次员工的参与有利于增强员工对薪资制度的认可度和信赖度，同时不同层次员工提供的建议和意见，有助于企业构建更完善的薪酬制度。

结束语

强人也有生命终结的时候，“系统的强大”才能永恒。

中国的企业需要强人，但是靠强人的单打独斗无法成就事业，“系统的强大”才能凝聚力量。所以，我一直强调管理系统的概念。企业的战略是人的脑袋，企业的组织结构是人的躯干，一条腿是人力资源，一条腿是企业文化。两条腿要强健有力，要均衡发展，企业才能走得远，才能实现战略目标。

金刚石 VS 石墨，告诉我们……

大自然永远是我们的老师，石墨和金刚石，它们的分子结构一模一样，但是物理特性却有天壤之别，原因是物质中每个层面之间的关系不同。创造奇迹需要改变成员之间的相互关系，这就是人力资源管理的使命。

附录一

某国有企业薪酬福利制度（样例）

目 录

第一章　总则
第二章　薪酬体系
第三章　薪酬结构
第四章　各类岗位薪酬结构
第五章　协议工资制
第六章　薪酬总额管理
第七章　薪酬调整
第八章　其他
第九章　附则

第一章　总则

第一条　目的和依据

为了制定适合市场化运作的分配体系，激发员工活力，共同分享某中心（集团）（以下简称中心（集团））发展所带来的收益，把员工个人业绩和中心（集团）整体业绩有效结合起来，促进员工价值观念的归合，建立吸引人才和留住人才的良好机制，推进中心（集团）总体发展战略的实现，根据国家有关法律、法规，制定本管理制度。

第二条　适用范围

本管理制度适用于中心（集团）总部全体在编员工。

第三条　薪酬分配依据

薪酬分配的依据是中心（集团）效益、岗位价值、员工工作能力和业绩，参考当地社会平均薪酬水平和行业平均薪酬水平、劳动力市场的供求状况、生活物价水平。

第四条　薪酬分配原则

薪酬作为价值分配形式之一，遵循竞争性、激励性、公平性和经济性原则。

（一）竞争性原则：在薪酬结构调整的同时，参照外部市场，适当调整中心（集团）薪酬水平，保持中心（集团）薪酬水平的外部市场竞争力。

（二）激励性原则：打破工资刚性，增强工资的弹性，通过绩效考评，使员工的收入与中心（集团）业绩和个人业绩紧密结合，激发员工积极性。

（三）公平性原则：薪酬设计重在建立合理的价值评价机制，在统一的规则下，通过对员工的绩效考评决定员工的最终收入。

（四）经济性原则：中心（集团）人力资源成本的增长幅度应低于总利润的增长幅度，用适当工资成本的增加引发员工创造更多的经济增加值，实现可持续发展。

第五条　薪酬分配特征

（一）市场化：按照市场化的岗位价值水平给付薪酬。

（二）可计量性：与员工薪酬相关的因素尽量量化为工资数额，并与绩效考核挂钩。

（三）可预期性：员工根据其所在岗位性质、个人工作努力程度和工作业绩，可预期个人的年总收入。

第二章　薪酬体系

第一条　职等职级划分

对岗位进行岗位价值评估，根据岗位评价的结果进行职等划分，岗位价值近似的岗位划入同一职等。

第二条　薪酬基数

薪酬基数主要根据中心（集团）经营状况、人工成本承受能力、结合行业市场薪酬水平加以确定。中心（集团）将通过对薪酬基数的调整实现对员工整体薪酬水平的调整。薪酬基数在本制度实施时为1100元，以后根据公司效益情况进行调整。

第三条　薪酬系数

根据各职等的性质和特点，划分不同的职级，每一职级对应相应的薪酬系数，不同职级的薪酬系数差距体现岗位价值的差别和中心（集团）的薪酬政策导向。最低职级的薪酬系数为1.0，职级越高薪酬系数逐渐提高。

第四条　岗位薪酬水平

岗位薪酬设定遵循以岗定薪、薪随岗变的岗位薪酬与岗位价值一致原则。每一岗位可对应多个职级和相应的多个薪酬系数，体现一岗多薪的原则。薪酬基数和薪酬系数共同决定岗位的薪酬水平。

第三章　薪酬结构

第一条　薪酬结构

员工薪酬结构整体上包含下列薪酬项目：

（一）固定薪酬：岗位工资。

（二）浮动薪酬：月度奖、年终奖。

（三）福利薪酬：社会统筹保险、公积金、各类补助和津贴等。

第二条　岗位工资

岗位工资属于岗位基本薪酬，固定发放给员工。

月度岗位工资 = 薪酬基数 × 薪酬系数

第三条　月度奖

月度奖是薪酬结构中的浮动部分，与岗位工资的基数一样，即：

月度奖 = 薪酬基数 × 绩效系数

月度奖与部门和员工的考核结果挂钩，计算公式详见《中心（集团）绩效管理制度》。

第四条　年终奖

年终奖是为员工共享企业经营成果而设立的奖项。年终奖基数由中心（集团）董事会根据上一年度年终奖基数、今年效益增减情况及公司“两低于”原则确定。

年终奖与个人及部门年度考核结果挂钩，按年度发放，计算公式详见《中心（集团）绩效管理制度》。

第五条　福利

福利是中心（集团）正式在编员工所能享受的一种福利待遇。有以下几部分：

（一）法定福利：包括住房公积金、养老保险、医疗保险、失业保险，工伤保险、生育保险。由中心（集团）和个人各承担一部分，按照国家、广东省、广州市的相关规定执行。

（二）津贴、补助：包括××会议补贴、××服务津贴、××特别津贴、福利补助、交通补贴、高温补贴、保密津贴、医疗津贴、计划生育津贴、三优补贴、洗理补贴、住房补贴、工龄津贴、专业技术资格补贴。

1. ××会议补贴：每届××期间（35 天）每人每天 60 元，根据考勤在××后发放。

2. ××服务津贴：每届××每人 4000 元，根据考勤在××后发放。

3. ××特别津贴：适用于一线劳动强度大、加班时间长、工作环境差的特殊岗位，每届每人 1000 元。

4. 福利补助：按管理级别发放，基层管理者及普通员工每人每年 2000 元，中层管理者（部门正副职）每人每年 3000 元，高层管理者每人每年 4500 元。

5. 交通补贴：每人每月 600 元。

6. 高温补贴：每年 6～10 月（5 个月）发放，普通岗位每人 100 元，高温岗位每人 150 元。

7. 保密津贴：适用于办公室保密管理岗位人员，每人每月 150 元（根据国家相关规定相应调整）。

8. 医疗津贴：适用于在编员工，35 岁以下的员工每人每年 4500

元，满 35 岁但不满 45 岁的员工每人每年 5400 元，45 岁及以上员工每人每年 6300 元。

9. 计划生育津贴：中心政工部门专职/兼职计划生育管理岗位每月 150 元（具体标准可根据国家相关规定相应调整）。

10. 三优补贴：适用于领取独生子女证且子女不超过 14 岁的员工，每人每月 5 元。

11. 洗理补贴：每人每月 300 元。

12. 住房补贴：依照广州市有关规定依照行政级别补贴发放。

13. 工龄津贴：以视同本中心（集团）连续工龄为准，一年工龄每月津贴为 25 元。

14. 专业技术资格补贴：初级技工职业资格员工每月 100 元，中级技工职业资格员工每月 150 元，助理级专业技术资格、高级技工职业资格员工每月 200 元，中级专业技术资格、中级技师职业资格员工每月 300 元，高级专业技术资格、高级技师职业资格员工每月 500 元。

第四章　各类岗位薪酬结构

第一条　高层管理人员薪酬结构

高层管理职系实行年薪制，具体办法另行制定。在未实行年薪制、在未实行销售提成制前仍然执行等级工资制，计发方式同中层及以下职能管理人员一致。

第二条　中层及以下职能管理人员薪酬结构

中层及以下职能管理人员实行等级工资制。

薪酬构成 = 岗位工资 + 月度奖 + 年终奖 + 福利

岗位工资按月平均发放。

岗位工资 = 薪酬系数 × 薪酬基数

月度奖实行半年考核，前 5 个月预先发放，后一个月多退少补。月度奖跟个人和部门半年考核成绩挂钩。

年终奖实行年度考核，跟个人和部门年度考核成绩挂钩。

月度奖和年终奖的计发方式参见《中心（集团）绩效管理制度》。

第三条　销售人员薪酬结构

销售人员实行销售提成制，具体办法另行制定。在未实行销售提成制前仍然执行等级工资制，计发方式同中层及以下职能管理人员一致。

第五章　协议工资制

第一条　适用范围

协议工资制主要适用于中心（集团）临时聘用或有长期合约的高级技术、管理人才。

第二条　确定与发放

协议工资以市场价格为基础，由双方谈判确定。实行协议工资制的员工与中心（集团）签订书面协议，明确规定薪酬总额、发放方式、工作内容和考核方法。

第六章　薪酬总额管理

第一条　薪酬总额

中心（集团）的薪酬总额包括五大部分：岗位工资总额、月度奖总额、年终奖总额、福利薪酬总额、其他薪酬总额。此外，销售人员的销售提成进入销售费用，雇员的薪酬进入管理费用，均不进入薪酬总额。

第二条　薪酬预算

每年年初，人力资源部根据中心（集团）年度经营计划确定当年的年度目标薪酬总额，然后根据年度招聘计划和上一年度考核情况做出员工职级分布情况预计。在此基础上考虑薪酬基数的调整，并做出年度各项薪酬总额预算。年度薪酬总额预算及其分解要报总裁办公会审批执行。

第三条　薪酬预算控制

七月初，人力资源部应将上半年中心（集团）薪酬发放实际情况进行统计分析，并上报总裁办公会。

每年年末，人力资源部应将当年中心（集团）薪酬预算执行情况进行统计分析，向总裁办公会提交分析报告。

第七章　薪酬调整

第一条　整体调整

根据中心（集团）年度内实现的经济效益和经营业绩，同时考虑行业市场的薪酬水平变化，通过调整薪酬基数，实现对中心（集团）薪酬水平的统一调整。

第二条　个别调整

根据员工年度考核结果和岗位变动情况确定，具体分为晋级调整、降级调整、岗位变动调整三种方式。

员工根据年度绩效考核成绩进行晋级或降级调整，具体见《中心（集团）绩效考核管理制度》。员工达到本职等最高职级时不再上调，处于本职等最低职级时如还需下调，予以下岗培训。

岗位变动调整时，按照就近原则和就高不就低原则确定员工在新岗位所属职等的职级，特殊情况经人力资源部出具意见、总裁办公会审批可以调整到更高或更低职级。

第三条　薪酬整体调整原则

薪酬总额的增长坚持“两低于”原则，即工资总额增长幅度低于中心（集团）经济效益增长幅度，员工实际平均工资增长幅度低于中心（集团）劳动生产率增长幅度的原则。

第八章　其他

第一条　新入职员工定级

从各类院校招聘的应届毕业生新入职时，一律按拟招聘岗位所属职等的最低职级定级。从人才市场引进的非协议工资制人才，原则上也按照拟招聘岗位所属职类的最低职级定级。特殊情况由人力资源部与用人部门根据招聘面试情况协商，给出拟定级建议，报总裁批准后确定。

第二条　试用期薪酬管理

新入职员工试用期间按照拟聘任岗位对应的职级计发岗位工资（或不低于当地最低工资标准的工资）。试用期间仅享有交通补贴、洗理补贴，不享有其他福利。新员工的试用期为3~6个月，不参与绩效考核，但接受试用期考核。试用期满考核合格，按正式的岗位薪酬标准执行。

试用期间表现突出者，由本人提出申请，经部门负责人和人力资源部审核，提前结束试用期。

第三条　外派培训员工薪酬管理

公派外出培训人员培训期间按其所在岗位等级的岗位工资发放。培训期间不参与绩效考核，无绩效工资。年终奖按实际在岗时间计发，年度考核系数取1.0。

第四条　外派出国常驻员工薪酬管理

员工外派出国常驻期间，员工只享受社会保险和公积金。公司社会统筹保险费用全部由中心（集团）支付；住房公积金封存，待回中心（集团）后，再按借调前一个月的标准补缴。

第五条　待岗、内退人员的薪酬管理

待岗人员待岗期间按照岗位最低职级的岗位工资计发，并获得相应的社会保障。

内退人员执行中心（集团）原相关管理办法。

第六条　加班工资

对于职能管理岗位员工，中心（集团）原则上不提倡员工加班，特殊情况需加班的，需经部门负责人批准并报人力资源部备案。

员工加班必须严格履行审批手续，并认真填写加班记录。

加班工资按照国家相关规定核算。

加班工资每年统计一次，并由部门负责人和分管领导签字，送交人力资源部，统一结算和发放。

加班工资计发具体见《中心（集团）考勤管理制度》。

第七条　缺勤期间工资

员工事假、病假、探亲假、婚假、丧假、产假、哺乳假、年休假、旷工、上班迟到、上班早退等缺勤期间工资计发具体见《中心（集团）考勤管理制度》。

第八条　节假日工资

节假日工资参照国家规定执行，具体见《中心（集团）考勤管理制度》。

第九条　离职、调动人员薪酬管理

（一）因严重过失被中心（集团）解除合同的人员，离职后取消所有剩余工资、福利和年终奖。

（二）自动辞职的员工，不享有年终奖。

（三）员工岗位发生调整（晋级、降级、内部岗位变动等），年终奖分时间段计算（以月为单位）。

（四）外调员工的年终奖金按当年在岗时间计发。

第十条　直接从工资中扣除的部分

（一）个人所得税。

（二）缺勤扣除额。

（三）社会保险、住房公积金个人负担部分。

（四）其他应扣除项目。

第十一条　薪酬发放

（一）人力资源部每月 15 日前向员工发放上月薪酬，遇节假日顺延。

（二）各部门应在 7 月 6 日前将半年考核成绩统计报表报送给人力资源部，每晚报一天扣各部门绩效考核职责管理人员、部门负责人各 100 元。

（三）年终奖于次年元月发放。

第九章　附则

第一条　本制度由人力资源部拟定和修改，经薪酬与考核委员会审批通过后实施。

第二条　本制度由人力资源部负责解释。

第三条　本制度未规定的事项，按中心（集团）其他相关规定执行。

第四条　本制度自发布之日起生效执行，与本制度相抵触的其他规定和办法同时废止。

附录二

某民营企业薪酬管理制度（样例）

某股份有限公司薪酬管理制度

××××年××月

目 录

第一章　总则

第二章　薪酬体系

第三章　薪酬总额

第四章　薪酬结构

第五章　年薪制

第六章　岗位绩效工资制

第七章　提成工资制

第八章　计件（产量）工资制

第九章　协议工资制

第十章　薪酬调整

第十一章　其他

第十二章　附则

附件一　《餐饮补贴及餐饮标准相关规定》

附件二　《高原补贴发放规定》

附件三　《第一事业部销售人员薪酬管理实施细则》

附件四　《第二事业部销售人员薪酬管理实施细则》

附件五　《第一事业部生产人员薪酬管理实施细则》

附件六　《第二事业部生产人员薪酬管理实施细则》

第一章　总则

第一条　目的和依据

制定本制度的目的在于使员工能够分享某股份有限公司（以下简称“公司”）发展所带来的收益，使企业与员工的短期收益、中期收益与长期收益有效结合，保证关键部门、关键岗位人员的稳定性，使员工收入与公司、部门及个人业绩分层挂钩，充分发挥薪酬的激励作用，推进公司整体战略目标的实现。

本制度依据国家及公司所在地相关法律、法规及公司相关管理制度制定。

第二条　适用范围

本制度适用于公司全体员工。

第三条　薪酬分配依据

薪酬分配的依据是公司战略、公司效益、外部环境，以及员工的岗位价值、能力和业绩，按照员工在不同岗位上的责任、个人能力和对公司的贡献计付薪酬。

第四条　薪酬分配原则

薪酬作为价值分配的主要形式，遵循激励性、公平性、竞争性、经济性、战略导向性和合法性的原则。

1. 激励性原则：薪酬制度的设计以激励性为导向。通过绩效工资、年终效益奖、绩效年薪、专项奖等激励性薪酬单元的设计，使员工的收入与公司业绩、部门业绩和个人业绩紧密结合，激发员工的工作积极性。同时，设计薪酬晋升通道，使员工除职务晋升外，拥有薪酬调整的机会。

2. 公平性原则：公平性原则是指薪酬的外部公平、内部公平和自我公平。本制度通过薪酬调查解决外部公平性的问题，通过岗位价值评估解决公司内部公平性的问题，通过将薪酬与绩效考核结果挂钩解决员工自我公平性的问题。

3. 竞争性原则：薪酬制度的设计以提高公司市场竞争力和对人才的吸引力为目的。在进行薪酬结构调整的同时，与外部市场适度接轨，使公司的薪酬水平具有一定的市场竞争力。

4. 经济性原则：薪酬水平须与公司的经济效益和经济承受能力保持一致，使薪酬总额的增长幅度低于经济效益的增长幅度，员工工资收入的增长幅度低于劳动生产率的增长幅度，用适当的人工成本的增加激发员工创造更多的经济增加值，保障股东利益，实现公司的可持续发展。

5. 战略导向性原则：公司的薪酬向支撑公司战略目标达成及核心竞争力培育的岗位倾斜，保证核心岗位人员的稳定性和工作积极性，同时，吸引更优秀的人才加入公司，让有限的薪酬付出获取更大的效益。

6. 合法性原则：薪酬的支付应遵循国家及公司所在地的相关法律、法规。

第五条　薪酬分配特征

1. 可计量性：将员工薪酬相关因素量化为工资数额，便于计量薪酬水平。

2. 可预期性：员工根据其所在岗位的性质、个人工作努力程度、工作业绩和企业效益，能够预期到个人的年总收入。

第六条　薪酬管理机构

1. 总裁办公会：总裁办公会主要负责审议公司薪酬政策、薪酬管理制度、年度薪酬总额，并报总裁审批。

2. 人力资源部：人力资源部是公司薪酬管理的归口部门。总部人力资源部负责拟定与执行公司的薪酬政策、薪酬管理制度，受理总部员工就薪酬问题的申诉。事业部人力资源部负责拟定与执行本事业部薪酬管理实施细则，受理本事业部员工就薪酬问题的申诉。

3. 财务部：财务部是公司薪酬的发放机构，负责审批后薪酬的按时准确发放。总部财务部负责总部、×建设指挥部人员的薪酬发放，事业部财务部负责本事业部人员的薪酬发放。

第二章　薪酬体系

第一条　薪酬管理模式

对不同类别岗位员工实行不同的薪酬管理模式，构成公司的薪酬体系。公司薪酬管理模式主要包括年薪制、岗位绩效工资制、提成工资制、计件（产量）工资制、协议工资制。

公司总部和下属业务单位，可根据岗位职系性质，选择若干薪酬管理模式。

第二条　年薪制

实行年薪制的范围是公司章程明确规定的高管和各个事业部执行董事、总经理、×建设指挥部指挥长、常务副指挥长。

这些岗位对于公司或事业部的总体效益产生直接、重大影响，通常以年度为周期对他们进行绩效考核，并根据公司和事业部的效益发放绩效年薪，引导他们为取得公司整体经营业绩而努力。

第三条　岗位绩效工资制

公司中除了实行年薪制、提成工资制、计件（产量）工资制和协议工资制的所有其他岗位实行岗位绩效工资制。这些岗位是以月度、季度和年度为周期进行绩效考核，并在发放基本岗位工资的同时发放相应的绩效薪酬。

第四条　提成工资制

实行提成工资制的范围是营销职系员工，其工作特征是直接为公司的效益做贡献，对他们进行以月度、季度和年度为周期的考核，以关键业务指标的实际完成量为基础进行提成，同时，综合考核其他工作业绩，并发放相应的绩效薪酬。提成工资制将薪酬与个人绩效充分挂钩，激励员工为实现关键业务绩效而努力。

第五条　计件（产量）工资制

适用计件（产量）工资制的员工，主要是生产性岗位的工人及基层生产管理人员。

第六条 协议工资制

协议工资制不纳入公司正常薪酬体系，主要适用于人才市场稀缺的关键岗位人才或公司重点吸引和留用的高级人才，也适用于一部分临时聘用的人员。

第三章 薪酬总额

薪酬总额是指企业在一定时期内直接支付给全体员工的劳动报酬总额，包括基础工资、岗位工资（包括固定部分和浮动部分，固定部分称为基础岗位工资，浮动部分称为绩效工资）、奖金、福利及其他薪酬支出的合计。

薪酬总额依据人员编制、企业经营效益、上一年度公司的薪酬水平及所在区域的行业薪酬水平四项因素计算。坚持工资总额的增长幅度低于经济效益的增长幅度，员工工资收入的增长幅度低于劳动生产率的增长幅度的原则。

薪酬总额一经公司核定，需进行统筹分解：对于可预见部分，先进行匡算并预留出来。然后，根据人员总数和薪酬水平确定各级、各档人员的岗位工资基准数，依此开展全年的薪酬总额管理。

薪酬总额由总部人力资源部依据公司薪酬政策进行确定，经总裁办公会审议、总裁审批后执行。

薪酬总额中包含的公司董事、高级管理人员的薪酬方案由薪酬与考核委员会制定，董事的薪酬方案需经董事会同意并提交股东大会审议通过后方可实施；公司高级管理人员的薪酬分配方案需报董事会批准后方可实施。本制度所称董事是指在公司领取薪酬的董事（含独立董事），高级管理人员是指由董事会聘任的总裁、副总裁、董事会秘书、财务负责人和内审负责人。

第四章　薪酬结构

第一条　薪酬结构

公司员工薪酬结构的组成部分：基础工资、基本岗位工资、绩效工资、提成工资、产量工资，奖金：年终效益奖、专项奖，福利薪酬：法定福利、附加津贴等。

第二条　基础工资

基础工资应不低于公司所在地国家规定的最低工资标准。

第三条　岗位工资

1. 岗位工资是根据员工所在岗位或所任职务、所在职位的工作强度、管理职责的大小和工作条件，并兼顾工作技能要求的高低等因素而确定的工资。确定岗位工资的前提是进行岗位评价，然后根据岗位评价的结果进行薪级、薪档的设计。

岗位工资通过采取岗位分级、级内分档、一岗多薪的方式体现岗位和个人技能的差异，在工作分析与岗位评价的基础上，以评价的结果作为确定岗位薪级的依据。岗位薪级确定后依据员工技能、经验和知识的差异决定薪级内不同的薪档。岗位工资是从岗位价值和员工的经验积累方面体现员工对企业的贡献的薪酬元素。

2. 确定岗位工资的原则：

（1）以岗定薪，薪随岗变，实现薪酬与岗位价值挂钩。

（2）岗位价值为主，能力因素为辅，使岗位价值与员工能力相结合。

3. 岗位工资分为固定部分和浮动部分。固定部分称为基本岗位工资，按月发放；浮动部分称为绩效工资，根据绩效考核的结果发放。

第四条　提成工资与产量工资

1. 提成工资：根据销量确定的激励性工资，用于激励营销类岗位的员工。具体计算方法见《第一事业部销售人员薪酬管理实施细则》《第二事业部销售人员薪酬管理实施细则》（见附件三、附件四）。

2. 产量工资：根据产量确定的激励性工资，用于激励生产工人和基层生产管理人员。具体计算方法见《第一事业部生产人员薪酬管理实施细则》《第二事业部生产人员薪酬管理实施细则》（见附件五、附件六）。

第五条　奖金

1. 年终效益奖。年终效益奖是根据公司（或事业部）年度效益、部门工作业绩和员工年度工作绩效表现所确定的奖金。年终效益奖在次年第二季度发放。事业部员工的年终效益奖与本事业部的年度效益挂钩，总部员工的年终效益奖与公司整体年度效益挂钩。

2. 专项奖：根据公司相关决议及部分专项工作的特点，可设置专项奖。主要包括：

（1）总裁特别奖：对为公司做出重大贡献的人员，通过总裁办公会或总裁认可而给予的一种奖励，如“突出贡献奖”。

（2）“优秀团队奖”“优秀员工奖”。

（3）其他专项奖：除上述几种形式外，对在其他方面为公司经营活动做出贡献的员工所给予的奖励。

专项奖的发放对象、分配方式及额度等由相关专项奖管理制度规定。

第六条　福利薪酬

福利薪酬是公司正式在册员工所享受的一种福利待遇，具体包括法定福利、附加津贴等。

法定福利：即国家及地方劳动法规所规定的社会保险福利等，具体数额、承担比例等按照国家及地方相关法规执行。

附加津贴：指根据公司相关决议发放的固定或临时性津贴，如节日津贴、高原补助等，具体数额及发放方式按照公司相关规定执行。

第五章　年薪制

第一条　适用范围

实行年薪制的范围是公司章程明确的高管，各个事业部执行董事、总经理，×建设指挥部指挥长、常务副指挥长。

第二条　薪酬结构

年薪收入 = 基本年薪 + 绩效年薪 + 福利薪酬 + 年终效益奖

第三条　发放办法

标准年薪是指个人考核系数为 1 时的年薪收入，根据外部市场薪酬水平和公司自身情况确定。

基本年薪按月发放，不与考核结果挂钩。

每月基本年薪 = 标准年薪 ×（1 – 浮动系数）/ 12

浮动系数为绩效年薪占年薪总额的比例。

绩效年薪按年度发放，与年度考核结果挂钩。根据各岗位承担的年度经营目标和工作目标完成情况，考核高层管理人员的业绩，按照考核系数计算绩效年薪。

绩效年薪 = 标准年薪 × 浮动系数 × 个人考核系数

年终效益奖 = N ×（标准年薪/12）× 公司（或事业部）经营目标完成系数 × 年度考核系数

其中，N 由公司确定；公司（或事业部）经营目标完成系数根据年初的经营目标与当年经营情况计算；当公司（或事业部）当年经营目标没有达成时，不发放年终效益奖；年度考核系数的确定见《×股份有限公司绩效考核管理制度》。

年终效益奖在次年第二季度发放。

第六章　岗位绩效工资制

第一条　适用范围

年薪制、计件（产量）工资制、提成工资制、协议工资制以外的岗位适用该工资管理模式。

第二条　薪酬结构

工资收入 = 基础工资 + 基本岗位工资 + 绩效工资 + 福利薪酬 + 年终效益奖

绩效工资 = 岗位工资 × 浮动系数 × 考核系数

浮动系数 = 岗位工资的浮动部分/岗位工资

浮动系数主要用于调节员工浮动收入与固定收入的比例，根据各岗位特点确定。公司实行岗位绩效工资制的岗位的浮动系数见表1（根据公司实际情况，薪酬方案实施的过渡期可降低浮动系数）。

表1　公司各类人员岗位工资浮动系数

单位	岗位类别	浮动系数
总部	部门经理	0.25
	一般员工	0.20
第二事业部	总监	0.30
	部门经理	0.25
	事业部一般员工	0.20
第一事业部	总监	0.30
	部门经理、生产中心经理	0.25
	事业部一般员工、生产中心一般员工	0.20

考核系数根据员工上月（季）度的考核结果确定，以此为依据计算员工绩效工资。考核系数的确定详见《×股份有限公司绩效考核管理制度》。

年终效益奖 = N × 月度标准岗位工资 × 公司（或事业部）经营目标完成系数 × 年度考核系数

其中，N由公司确定；公司（或事业部）经营目标完成系数根据年初的经营目标与当年经营情况计算；当公司（或事业部）当年经营目标没有达成时，不发放年终效益奖；年度考核系数的确定见《×股份有限公司绩效考核管理制度》。

第三条　发放办法

基础工资、基本岗位工资、福利薪酬按月发放，不与考核结果挂钩。

绩效工资按月（季）度发放。

年终效益奖在次年第二季度发放。

第七章　提成工资制

第一条　适用范围

提成工资制适用于公司直接从事销售相关工作的员工。

第二条　薪酬结构

工资收入＝基础工资＋基本岗位工资＋基本绩效工资＋提成工资＋福利薪酬＋年终效益奖

基础工资按照公司统一规定发放。

基本岗位工资＝岗位工资×（1－浮动系数）

岗位工资按照营销职系人员薪级薪档表确定。

基本绩效工资＝岗位工资×浮动系数×考核系数

绩效考核侧重于销售过程控制指标的考核，如销售工作计划制定、客户拜访等，考核系数的确定详见《×股份有限公司绩效考核管理制度》。

提成工资＝各类产品销量提成额＋利润提成额

公司销售试行全员开拓市场政策，对于所有提供客户信息的人员给予信息费奖励，关于信息登记、备案管理等，公司另行制定相关规定。

年终效益奖＝N×月度标准岗位工资×事业部经营目标完成系数×年度考核系数

其中，N由公司确定；事业部经营目标完成系数根据年初的经营目标与当年经营情况计算；当事业部当年经营目标没有达成时，不发放年终效益奖；年度考核系数的确定详见《×股份有限公司绩效考核管理制度》。

第三条　发放办法

基础工资、基本岗位工资、福利薪酬按月发放，不与考核结果挂钩。

基本绩效工资按月（季）度发放、提成工资按月（季）度发放。

年终效益奖在次年第二季度发放。

第八章　计件（产量）工资制

第一条　适用范围

适用于公司生产人员及基层生产管理人员。

第二条　薪酬结构

工资收入 = 基础工资 + 基本岗位工资 + 基本绩效工资 + 产量工资 + 福利薪酬 + 年终效益奖

基础工资按照公司统一规定发放。

基本岗位工资 = 岗位工资 ×（1 - 浮动系数）

岗位工资按照生产人员薪级薪档表确定。

基本绩效工资 = 岗位工资 × 浮动系数 × 考核系数

绩效考核侧重于员工出勤率、机器设备维护保养、工作协作等生产过程控制指标的考核，考核系数的确定详见《×股份有限公司绩效考核管理制度》。

产量工资 = $\sum P_i \times I_i$ - 安全设备事故扣减 - 产品质量事故扣减 ± 成本节约或超出额的百分比

P_i = 产品产量（i 类产品），I_i = 单位产量工资（i 类产品）。

年终效益奖 = N × 月度标准岗位工资 × 事业部经营目标完成系数 × 年度考核系数

其中，N 由公司确定；事业部经营目标完成系数根据年初的经营目标与当年经营情况计算；当事业部当年经营目标没有达成时，不发放年终效益奖；年度考核系数的确定详见《×股份有限公司绩效考核管理制度》。

第三条　发放办法

基础工资、基本岗位工资、福利薪酬按月发放，不与考核结果挂钩。

基本绩效工资按月（季）度发放，产量工资按月度发放。

年终效益奖在次年第二季度发放。

第九章　协议工资制

第一条　适用范围

协议工资制适用于外部招聘的特殊人才或临时聘用人员。

外部招聘的特殊人才是指其从事的岗位为公司现有人力资源不能满足的关键性岗位，包括公司人力资源规划中急需或者必需的高级技术人才、管理人才和行业内市场竞争激烈的稀缺人才。

协议工资制的适用范围由总部人力资源部提出，经总裁办公会审议、总裁审批。协议工资制总额原则上不超过公司薪酬总额的10%～20%。

第二条　适用原则

谈判原则：协议工资以市场价格为基础，由双方谈判确定。

保密原则：对协议工资制的人员及其工资严格保密，员工之间禁止相互打探。

限额原则：对协议工资制人员的数量进行动态管理，依据公司效益及发展情况进行调整。

第三条　协议工资的确定与发放

协议双方须签订书面协议，明确薪酬总额、发放方式、工作内容和考核方法等。如为结构工资制，根据双方谈判确定的工资构成因素并参照上述各种薪酬管理模式的规定发放。

第四条　协议工资制的考核与员工退出

适用协议工资制的员工，根据书面协议和公司考核管理办法进行考核。有以下情况者自动退出协议工资制：

（1）考核结果低于预定工作标准。

（2）人才供求关系变化，不再是市场稀缺或公司急需的人才。

第十章　薪酬调整

公司薪酬调整分为整体调整与个别调整两种方式，主要是针对员工的基础工资、岗位工资。

整体调整：

（1）薪酬整体调整是指通过改变公司薪酬总体水平，对公司所有岗位和人员的薪酬进行整体性的调整。

（2）薪酬整体调整周期与调整幅度根据公司发展情况、公司效益、公司所在地经济增长与物价上涨幅度，以及外部市场薪酬水平确定。

（3）薪酬调整由总部人力资源部提出方案，经总裁办公会审议、总裁审批后执行。

基础工资的调整：基础工资根据公司所在地的最低工资标准的调整而调整。

起薪档的确定：原则上将所有岗位按照新属薪级的最低薪档作为起薪档。

个别调整：薪酬的个别调整根据员工岗位变动、个人年度考核结果等情况决定，个别调整分为薪档调整和岗位变动调整。

（1）薪档调整（仅适用于岗位绩效工资制）。

人力资源部根据员工年度绩效考核的结果，制定员工薪档调整方案。

评定等级	A	B	C	D
晋升	A，升 1 档	连续 2 次 B，升 1 档	不晋升	降 1 档

（2）岗位变动调整。

员工岗位发生变动，则薪随岗变，员工薪酬等级相应发生变动，从岗位变动次月起执行，具体分为调职调整、晋升调整、降职调整。

员工在不同薪级间岗位平调后，若原来的岗位工资已高于新岗位所在薪级最低档的岗位工资，则按照“就近就高”的原则确定新的薪档；若低于则按新岗位所在薪级的最低档起薪。对于同一薪级内岗位间的调动，员工的薪档不变。

员工升职后，若原来的岗位工资已高于新岗位所在薪级最低档的岗位工资，则按照“就近就高”的原则确定新的薪档；若低于则按新岗位所在薪级的最低档起薪。

员工降职后，若原来的岗位工资高于新岗位所在薪级的最高档岗位工资，则按新岗位所在薪级的最高档起薪；若低于新岗位所在薪级的最高档岗位工资，则按“就近就高”的原则确定新的薪档。

第十一章　其他

第一条　试用期薪酬管理

1. 岗位绩效工资制：新入职员工试用期间发放基础工资，以及拟聘任岗位对应的最低档岗位工资的 80%，试用期间不参与正式员工的绩效考核，不享有绩效工资和其他奖金。

试用期工资 = 基础工资 + 岗位工资 × 80% + 福利薪酬

2. 提成工资制：新入职员工在试用期间发放基础工资，以及基本岗位工资和提成工资的 80%。

试用期工资 = 基础工资 + （基本岗位工资 + 提成工资） × 80% + 福利薪酬

3. 公司内部员工职务晋升不实行试用期，岗位变动次月起执行新岗位薪酬标准。

4. 实习生不纳入正式员工薪酬管理体系，根据公司相关规定执行。

第二条　加班工资

1. 公司不提倡加班，如有加班事实可选择调休。

2. 根据工作需要加班，而且不能安排调休者，经公司相关领导批准，可于当月发放加班工资。每月按 21 个标准工作日计算，计算基数为基础工资和基本岗位工资。

（1）平时加班。

平时加班工资＝［（基础工资＋基本岗位工资）/21］×加班小时数/8×150%

（2）公休日加班。

公休日加班工资＝［（基础工资＋基本岗位工资）/21］×加班天数×200%

（3）法定节假日加班。

法定节假日加班工资＝［（基础工资＋基本岗位工资）/21］×加班天数×300%

3. 按国家有关规定，每天加班不得超过3小时，每人每月累计加班时间不得超过36小时。

4. 加班工资每月统计一次，由各部门于月底进行统计，经部门负责人签字确认后，送交人力资源部核定，并随当月工资发放。

第三条　事假、病假、婚假、丧假、产假、探亲假期间的工资

病假、事假：经主管领导批准请病假、事假者，根据请假天数在工资中进行相应的扣除。

事假工资扣除＝请假天数×［（基础工资＋基本岗位工资＋福利薪酬）/21］

病假工资扣除＝请假天数×基本岗位工资/21×50%

婚假、丧假、产假、探亲假期间全额发放固定工资部分。

第四条　年休假

公司实行带薪年休假制度，年休假期间全额发放工资（基础工资＋岗位工资）。

第五条　旷工的处理

旷工按日双倍扣发固定工资部分；月无故旷工累计天数超过3天，扣除当月所有浮动薪酬部分。

旷工工资扣除＝旷工天数×［（基础工资＋基本岗位工资＋福利薪酬）/21］×2

第六条　离职人员的薪酬管理

因严重过失被公司解除合同的人员，离职后取消所有剩余工资、补助和所有奖金。

自动辞职的员工，不享有奖金。

第七条　保险

公司为员工所投保险主要是养老保险、医疗保险、失业保险等，具体标准按国家与公司相关规定执行。

第八条　扣除项

员工工资、奖金所得应缴纳的个人所得税，由公司代扣代缴。

须直接从工资中扣除的部分：缺勤扣除额、社会保险个人负担部分、其他应扣除项目。

第九条　发薪日

发薪日为每月__日。

第十二章　附则

1. 本办法由总部人力资源部负责解释。

2. 本制度的修订由总部人力资源部提出，经总裁办公会审议、总裁审批后由总部人力资源部负责组织实施。

3. 本办法未规定的事项，按公司相关规定执行。

4. 本办法自发布之日起生效执行，与本办法相抵触的其他规定和办法同时废止。

附件一　《餐饮补贴及餐饮标准相关规定》

第一事业部：20 元/人・天，补贴对象为第一事业部生产员工，伙食补贴以津贴形式予以发放。

第二事业部：20 元/人・天，全员食堂就餐。

附件二 《高原补贴发放规定》

第一条 目的

为了规范公司高原补贴的发放，充分体现公司管理层“以人为本”的发展理念，完善公司薪酬福利体系，激发员工的工作热情和激情，结合公司具体情况，特制定本规定。

第二条 适用范围

本规定适用于高原地区工作的员工（含出差员工）。

第三条 术语定义

高原补贴是指对在高原地区不同海拔高度工作的公司员工额外劳动消耗和特殊生活费支出的适当补偿。

第四条 发放标准

地点一：25 元/人·天。

地点二：40 元/人·天。

地点三：20 元/人·天。

第二事业部高管人员按 2000 元/月发放，总部高管人员到高原工作参照事业部高管人员标准，按天计算。

第五条 发放方式

第二事业部员工高原补贴计入薪酬结构固定部分，以月份计发，按实际出勤日进行发放。

第六条 其他说明

（1）上述员工（含高管）如有兼任的，按就高原则发放。

（2）因公出差、学习和休假等原因离开高原地区期间，因病或非因公负伤停止工作期间，均不能享受高原地区工作补贴。

（3）员工调离高原地区，高原地区补贴享受至调离之日。员工从非高原地区调至高原地区，自报到之日起开始享受高原地区补贴。

第七条　附则

（1）本规定由总部人力资源部负责制定、解释。

（2）本规定自×年×月×日起执行，原规定自动废止。

附件三　《第一事业部销售人员薪酬管理实施细则》

第一条　目的

为充分调动销售人员积极性和能动性，提高市场占有率，提高营销管理能力，创造更大的销售业绩，特制定本实施细则。

第二条　适用范围

适用于事业部×销售职系人员，包括市场总监、区域中心销售经理、销售员等（×公司也适用本细则）。

第三条　薪酬结构

销售职系人员实行提成工资制，薪酬结构如下：

工资收入＝基础工资＋基本岗位工资＋基本绩效工资＋提成工资＋福利薪酬＋年终效益奖

基础工资按照公司统一规定发放。

基本岗位工资＝岗位工资×（1－浮动系数）

浮动系数：销售经理0.25，销售人员0.15。

岗位工资按照营销职系人员薪级薪档表确定。

基本绩效工资＝岗位工资×浮动系数×考核系数

绩效考核侧重于销售过程控制指标的考核，如执行事业部有关管理制度要求、销售工作计划制定、客户拜访等，考核系数的确定详见《×股份有限公司绩效考核管理制度》。

提成工资的计算详见本细则第四条。

福利薪酬详见《×股份有限公司薪酬管理制度》的“福利薪酬”，以及该制度附件一、附件二。

年终效益奖 = N × 月度标准岗位工资 × 事业部经营目标完成系数 × 年度考核系数

其中，N 由公司确定；事业部经营目标完成系数根据事业部年初的经营目标与当年经营情况计算；事业部当年经营目标没有达成时，不发放年终效益奖；年度考核系数的确定详见《×股份有限公司绩效考核管理制度》。

第四条　×产品销售提成工资计算办法

1. 销售单位（即区域销售中心、北京公司等）提成工资总额计算及分配：

销售单位提成工资总额根据本单位的销量、净利润、项目提成系数进行计算。

提成工资总额计算基数 = 销量提成额 × 项目提成系数 + 净利润提成额

销售单位提成工资总额 = 提成工资总额计算基数 × 85%

销售单位提成工资总额根据相关人员对项目的贡献程度进行分配，分配方案报事业部审批及备案。

提成工资总额计算基数的 15% 作为奖励：项目信息提供人员信息费奖励 5%，市场部人员销售支持奖励 5%，市场总监奖励 5%。

2. 项目提成系数根据项目运作模式和销售人员对项目的贡献程度进行确定。

表 1　项目类别及项目提成系数

项目运作模式	销售人员对项目的贡献程度	项目类别	项目提成系数
招标项目	主要依靠销售人员的努力完成	A	0.3
	需事业部领导的支持	B	0.1
	需总部领导的支持	C	0.1
非招标项目	主要依靠销售人员的努力完成	A	1
	需事业部领导的支持	B	0.6
	需总部领导的支持	C	0.6

3. 产品类型数量按实际供货量计算。

4. 单位销量提成额计算如表 2 所示。

表 2　×产品销售单位销量提成额

产品种类	单位销量提成额（元/吨）
产品 1（销售、代理）	1.6
产品 2（销售、加工、纯加工）	5
产品 3	13
产品 4	4
产品 5	13
产品 6	13
产品 7	32

5. 净利润提成额按净利润的 5% 计提，利润按内部结算及考核制度统计。

6. 市场总监主导的项目按照（销量提成额 × 项目提成系数 + 净利润提成额）×85% 的比例计提，另外的 5% 作为项目信息提供人员的奖励，10% 作为市场部人员销售支持的奖励。

第五条　销售费用管理

1. 年度销售费用包含三部分：基本费用、项目管理费用、市场开拓费用。

（1）基本费用：10 万元，包含车辆费用和差旅费用。车辆费用包括车辆的油费、路桥费、维修费、停车费及洗车费等车辆所有弹性费用（不含保险、年票及车船税）。

（2）项目管理费用：根据标准计提，用于项目管理过程中的开支，计提标准如表 3 所示。

表3　项目管理费考核计提标准

项目		≤3万吨部分（元/吨）	3万~6万吨部分（含6万吨，元/吨）	6万吨以上部分（元/吨）
改性产品1销售、加工		8	4	2
纯加工		4	2	
产品2	销售	4	2	
	代理	2		
产品3	改性产品3	20		
	普通产品3	10		
产品4		25		
产品5		25		
产品6		25		

注：本项费用计提适用于销售人员同时兼任项目管理人员的情况。

（3）市场开拓费：按产品类型提取费用，其中，70%用于增加费用（基本费用及项目管理费）预算，30%计入奖励基金。按实际供货量计提，计提标准如表4所示。

表4　市场开拓费用计提标准

项目		1万吨以下（含1万吨，元/吨）	1万吨以上部分（元/吨）
改性产品1	销售	20	10
	加工	20	10
纯加工		10	5
产品2	销售	10	5
	代理	5	2
产品3	改性产品3	30	15
	普通产品3	20	10
产品4		50	
产品5		50	
产品6		80	

第六条　奖励基金

1. 市场开拓费奖励基金：市场开拓费的30%计入市场开拓费奖励基金。

2. 调价奖励基金：

（1）项目完成后，合同约定可调价的，1年内完成调价工作并收回调价款，计提调价金额的2%作为奖励基金。

（2）项目完成后，合同约定可调价的，超过1年完成调价工作并收回调价款，计提调价金额的1%作为奖励基金。

（3）项目合同如无调价条款，但经努力争取到调价的，计提调价金额的10 %作为奖励基金。

（4）项目合同规定按浮动价格调价结算的，原则上不计提奖励基金；如结算结果超出预期，由总部视具体情况给予适当奖励。

3. 应收账款奖励基金：销售单位负责人负责本单位应收账款回收管理工作，责任落实到人，并发放相应的应收账款奖励。

销售单位应收账款奖励基金＝历史应收账款回款奖励基金－超期应收账款资金占用费处罚

（1）历史应收账款回款奖励基金。

第一，销售单位负责人在自己任期内产生的应收账款实行滚动计算考核，不计提奖励基金，如属于超期应收账款的，按超期应收账款进行考核。

第二，对前任销售单位负责人遗留应收账款超过合同约定回款期半年以上的应收账款回款，按回款金额的2%计提奖励基金。

第三，对前任销售单位负责人遗留3年以上的历史呆账回收，按回款金额的5%计提奖励基金。

第四，合同项目质保金的正常期限内回款不计提奖励基金，超过约定回款的，按超期应收账款进行考核。

（2）超期应收账款资金占用费处罚。

第一，超期应收账款：公司应收账款余额中，超过合同约定收款期限的应收账款定义为超期应收账款。

第二，对超期应收账款实行按月考核，月末按照超期应收账款余额计提资金占用费，资金占用费率按当年利率计算，公式如下：

超期应收账款资金占用费 = 超期应收账款月末余额 × 当年利率/12

第三，每月按照超期应收账款资金占用费的 10%，扣减单位提成工资总额，直至提成工资总额扣完为止。

第七条　否决类指标

重大内控风险由总部管理层根据国家五部委联合颁布的《企业内部控制基本规范》《企业内部控制评价指引》《企业内部控制应用指引》综合判断。

如区域销售中心/区域销售公司出现违背职业道德，或串通舞弊、渎职、受贿、收取佣金、贪污等行为，视为重大内控风险，扣减当期全部提成工资，并按公司相关管理制度及国家法律、法规处理。

附件四　《第二事业部销售人员薪酬管理实施细则》

第一条　目的

为充分调动营销部员工的工作积极性和主观能动性，提高市场占有率，提高营销管理能力，创造更大的销售业绩，特制定本实施细则。

第二条　适用范围

营销部全体员工。

第三条　薪酬结构

销售人员实行提成工资制，薪酬结构如下：

工资收入 = 基础工资 + 基本岗位工资 + 基本绩效工资 + 提成工资 + 福利薪酬 + 年终效益奖

基础工资按照公司规定统一发放。

基本岗位工资 = 岗位工资 ×（1 − 浮动系数）

岗位工资按照营销职系人员薪级薪档表确定。

基本绩效工资 = 岗位工资 × 浮动系数 × 考核系数

浮动系数：销售经理 0.25，一般销售人员 0.15。

绩效考核侧重于销售过程控制指标的考核，如销售工作计划制定、客户拜访等，考核系数的确定详见《×股份有限公司绩效考核管理制度》。

另：员工绩效工资与销售费用节约挂钩。销售费用每节约 1 元，其绩效工资增加 0.8 元，年底统一计算。

提成工资的计算详见本细则第四条、第五条。

福利薪酬详见《×股份有限公司薪酬管理制度》的“福利薪酬”，以及该制度附件一、附件二。

年终效益奖 = N × 月度标准岗位工资 × 事业部经营目标完成系数 × 年度考核系数

其中，N 由公司确定；事业部经营目标完成系数，根据事业部年初的经营目标与当年经营情况计算；当事业部当年经营目标没有达成时，不发放年终效益奖；年度考核系数，详见《×股份有限公司绩效考核管理制度》。

第四条　产品 1 销售提成工资计算办法

公司鼓励销售人员开拓客户，鼓励销售人员自主销售，对于公司管理层、事业部执行董事、事业部总经理主导并签单的合同和销售人员主导签单的合同，采用不同的单位销售提成额。

1. 公司管理层和事业部执行董事、总经理主导签订的产品 1 销售合同，销售人员的提成工资计算：

（1）部门提成工资总额 = 产品 1 实际销售结算量 ×0.8 元/吨（建议根据新工资体系中销售人员岗位工资标准及薪酬结构重新测算）

（2）经办人员岗位提成工资 = 人员实际经办产品 1 结算数量 ×0.8 元/吨 ×70%

2. 委托加工销售的产品 1 的单位提成额同上。

3. 销售人员主导签订的产品 1 销售合同，销售人员的提成工资计算：

（1）部门提成工资总额 = 实际销售结算量 ×1.5 元/吨（建议根据新工资体系中业务人员岗位工资及薪酬结构重新测算）

（2）其他计算方法比照本条第一款执行。

第五条　产品 2 销售提成工资计算办法

1. 公司管理层和事业部执行董事、总经理主导签订的产品 2 销售合同，销售人员的提成工资计算：

部门提成工资总额 = 产品 2 实际销售结算量 ×50 元/吨（建议根据新工资体系中业务人员岗位工资及薪酬结构重新测算）

岗位提成工资 = 人员产品 2 实际销量 ×50 元/吨 ×70%

2. 销售人员主导签订的产品 2 销售合同，销售人员的提成工资计算：

（1）部门提成工资总额 = 产品 2 实际销售结算量 ×60 元/吨

（2）其他计算方法比照本条第一款执行。

第六条　营销考核量、价、款的计算方法

1. 产品销售价格严格按照公司规定的价格进行销售，如有特殊情况汇报至领导同意后方能执行并可享有考核提成，原则上应按款到货清后享有考核提成。

2. 产品销售指导价：以总部审批的销售指导价为准。

3. 以电汇方式成交，提取销售额的 ×% 作为销售人员的提成工资；以承兑汇票方式成交，提成工资不做调整。

4. 价格奖励：公司每月或不定时地根据市场变化情况，对销售指导价进行全面的核定。在价格有效期内，如按指导价销售或经总部审批同意低于指导价销售的只享受数量奖励，不享受价格奖励。

×产品市场价格	提成额度
超过指导价 500 元/吨以内	超过部分总金额的 1%
超过指导价 500 元/吨以上	超过部分总金额的 2%
超过指导价 1000 元/吨以上	超过部分总金额的 5%
超过指导价 1500 元/吨以上	超过部分总金额的 8%

5. 开发新客户奖：如有业务人员发掘新客户并成交（目前已成交的×产品客户除外），每个新客户每成交 1 吨×产品，则奖励 20 元。新客户自第一笔交易日（以汇款时间为准）起，在 3 个月内所成交的量，均享受对发掘新客户的奖励。

6. 考核结算方式：每月月底结算，所有考核的业务必须是完成了收款、发货、开票和相关费用支付的业务。如本月有部分业务未能完成相关手续，可顺延至下月。

7. 销售费用的使用：营销部的费用纳入事业部预算管理，不实行提成包干使用，采用费用预算控制下的申报方式。

8. ×产品结算数量×0.8 元/吨×10% 作为销售内勤奖励，×产品月总提成外的 10% 作为销售内勤奖励，×产品结算数量×0.8 元/吨×20% 作为营销部门负责人奖励。

9. ×产品销量超过年度目标值，超额部分除享有原提成外，另外计提超额奖金，超额奖金的提取标准如下表所示。

销量（吨）	每吨计提的超额奖励（元/吨）
1300 ~ 1500	30
1501 ~ 1800	60
1801 ~ 2000	80
2001 以上	100

10. 销售额达到年度销售目标后，营销部享有超出销售额的 0.2% 作为奖励。

附件五 《第一事业部生产人员薪酬管理实施细则》

第一条 目的

为充分调动生产一线员工的工作积极性和主动性，提高生产效率，同时，降低生产综合成本，提高生产系统整体管理水平，特制定本实施细则。

第二条 适用范围

生产基地人员（包括基地主任、生产主管、操作员、加料员）适用产量工资制。

第三条 薪酬结构

工资收入 = 基础工资 + 基本岗位工资 + 基本绩效工资 + 产量工资 + 福利薪酬 + 年终效益奖

基础工资按照公司统一规定发放。

基本岗位工资 = 岗位工资 ×（1 – 浮动系数）

岗位工资按照生产人员薪级薪档表确定。

基本绩效工资 = 岗位工资 × 浮动系数 × 考核系数

绩效考核侧重于员工出勤率、机器设备维护保养、工作协作等生产过程控制指标的考核，考核系数的确定详见《×股份有限公司绩效考核管理制度》。

产量工资的计算见第四条。

年终效益奖 = N × 月度标准岗位工资 × 事业部经营目标完成系数 × 部门年度考核系数 × 岗位年度考核系数

其中，N 由公司确定；事业部经营目标完成系数根据年初的经营目标与当年经营情况计算；当事业部当年经营目标没有达成时，不发放年终效益奖；年度考核系数的确定详见《×股份有限公司绩效考核管理制度》。

第四节 产量工资计算及分配

1. 生产中心月度产量工资总额：

生产中心月度产量工资总额 = $\sum P_i \times I_i$

P_i = 生产中心月度总产量（i 类产品），I_i = 单位产量工资额（i 类产品）。

依据不同产品的生产特点确定每种产品的单位产量工资额（元/吨），不同产品的单位产量工资额如下：

（1）产品 1、产品 2、产品 3：××元/吨。

（2）产品 5、产品 6：××元/吨。

（3）产品 7：××元/吨。

（4）产品 8：××元/吨。

（5）纯加工：××元/吨

2. 生产中心月度产量工资分配：

生产中心月度产量工资分配总额 = 生产中心月度产量工资总额 ×15%

员工月度产量工资 = 生产中心月度产量工资分配总额 × 员工产量工资系数

员工产量工资系数由生产中心根据员工所在岗位的价值贡献确定，报事业部审批及备案。

3. 生产基地月度产量工资分配：

生产基地月度产量工资分配总额 = 生产中心月度产量工资总额 ×85%

员工月度产量工资 = 生产基地月度产量工资总额 × 员工产量工资系数

员工产量工资系数由生产中心根据员工所在岗位的价值贡献确定，报事业部审批及备案。

附件六 《第二事业部生产人员薪酬管理实施细则》

第一条 目的

为充分调动生产一线员工的工作积极性和主动性，提高生产效率，同时，降低生产综合成本，提高整体管理水平，特制定本实施细则。

第二条 适用范围

第二事业部生产人员及生产辅助人员，具体包括工作区段长及下属人员、车间主任及下属人员，以及统计、机修等生产辅助人员。

第三条 薪酬结构

工资收入 = 基础工资 + 基本岗位工资 + 基本绩效工资 + 产量工资 + 福利薪酬 + 年终效益奖

基础工资按照公司统一规定发放。

基本岗位工资 = 岗位工资 ×（1 - 浮动系数）

岗位工资按照生产人员薪级薪档表确定。

基本绩效工资 = 岗位工资 × 浮动系数 × 考核系数

绩效考核侧重于员工出勤率、机器设备维护保养、工作协作等生产过程控制指标的考核，考核系数的确定详见《×股份有限公司绩效考核管理制度》。

产量工资 = ∑P × I - 安全设备事故扣减 - 产品质量事故扣减 ± 材料节约或超支额的百分比

P = 产量（吨），I = 单位产量工资额（元/吨）。

年终效益奖 = N × 月度标准岗位工资 × 事业部经营目标完成系数 × 部门年度考核系数 × 岗位年度考核系数

其中，N 由公司确定；事业部经营目标完成系数根据年初的经营目标与当年经营情况计算；当事业部当年经营目标没有达成时，不发放年终效益奖；年度考核系数的确定详见《×股份有限公司绩效考核管理制度》。

第四条　工作区1产量工资发放实施细则

1. 产量工资分配系数：以新的薪酬体系中确定的标准岗位工资为依据，计算产量工资分配系数。

2. 班组长职务津贴：班组长津贴一部分通过基本岗位工资发放，一部分通过产量工资发放系数与产量挂钩。

3. 产量工资分配办法：

工作区1月度产量工资总额 = 月度生产总量（吨）×单位产量工资额（元/吨）－安全设备事故扣减－产品质量事故扣减 ± 成本节约或超出额×20%

工作区1产量工资基数 = 工作区1月度产量工资总额/总产量工资系数

总产量工资系数根据岗位价值评估确定的岗位工资标准值进行计算。

员工产量工资 = 员工产量工资系数×工作区1产量工资基数－员工分摊的安全设备事故扣减－员工分摊的产品质量事故扣减 ± 员工分摊的成本节约或超出额的20%

不可抗拒的自然灾害因素的影响作业天数导致采剥总量未完成月度、季度、年度计划，将按照公司的相关考核制度执行。

4. 成本指标考核办法：

根据公司制定的年度成本控制考核管理办法，结合工作区1的实际情况，为加强材料消耗的控制管理，建立健全各类材料消耗明细台账，开展每月的成本分析、修废利旧，达到综合降低采矿部采剥生产成本，特制定×年度材料消耗定额和综合成本控制考核暂行办法。

（1）考核方式的建议方案。

a. 工段一：定额成本为：__元/吨，包括××及其他辅助材料。

b. 工段二：定额成本为：__元/吨，包括××及其他辅助材料。

（2）材料节约或超支金额的20%/工段人数，在个人产量工资中增加或扣减。

5. 劳动纪律与绩效考核制度挂钩：

（1）员工请假在10天以内，按照实际天数扣除产量工资；员工请假超出10天（不含10天），扣除当月产量工资，其产量工资纳入员工所在工段进行分配。

（2）无故不上班者按照旷工处理，当月旷工一天扣除当月产量工资。

（3）员工不服从工作安排一次，扣除当月产量工资的5%；员工不服从工作安排两次（含两次）以上，按照旷工处理扣除当月产量工资。

（4）员工无故不参加公司和工作区1组织的各类学习和会议一次，扣除当月产量工资。

（5）员工喝酒闹事、打架斗殴一次，扣除当月产量工资。

（6）上班时间做与工作无关的事，查处一次扣除当月产量工资的10%。

（7）上班期间不佩戴齐劳动保护用品一次，扣除当月产量工资的5%；两次扣除当月产量工资的10%；三次（含三次）以上扣除当月产量工资。

（8）其他按照工作区1员工工作制度中的相关条款执行。

第五条　工作区2产量工资发放实施细则

1. 适用范围：本细则试用于工作区2员工、品管部员工、PMC部仓管人员、行政管理部工作地点位于工作区2的保卫员。

2. 工作区2产量工资考核内容：产量、定额成本、各车间设定一个关键绩效指标作为否决性指标。产量：车间一30万吨处理量，车间二5万吨处理量。

3. 班组长职务津贴：班组长津贴一部分通过基本岗位工资发放，一部分通过产量工资发放系数与产量挂钩。

4. 工作区2年度年产量工资总额：

工作区 2 年度产量工资总额 = 工作区 2 年度生产量（吨）×单位产量工资额（元/吨）

5. 工作区 2 员工产量工资计算方法：

（1）各岗位产量工资系数计算。

参照××××年 9 月、10 月、11 月岗位工资 + 绩效奖金总额，以车间一车间主任的系数为 1，其他每个岗位计算出对应的系数，将系数综合加总为选厂总系数。系数确定和修改必须经厂长同意，报事业部人力资源部审核（建议按照新的工资体系中各岗位的标准岗位工资进行测算）。

（2）每个车间的年度产量工资总额。

每个车间的年度产量工资总额 = 工作区 2 年度产量工资总额/工作区 2 总产量工资系数×每个车间产量工资系数

（3）车间二的产量工资计算。

车间二的单位产量工资额（元/吨）= 车间二年度产量工资总额/年度计划处理量

车间二月产量工资总额 = 月处理量×单位产量工资额（元/吨）±合格率扣减或增加额的__%±成本节约或超出额的 20%

a. 车间二产品的合格率为：__%，每超出 1%，产量工资总额增加__%；每降低 1%，产量工资总额降低__%。

b. 车间二的定额成本为 2.52 元/吨。

产量工资发放：以班组为单位，班组每个员工的产量工资的计算方法：班组的处理量×单位产量工资额/班组产量工资系数之和×个人产量工资系数±分摊到个人的增加或扣减额（车间总的增加或扣减额/车间总人数）。

（4）车间三的产量工资计算。

车间三的单位产量工资 = 车间三年度产量工资总额/年度计划生产量

车间三月产量工资总额 = 月生产量（干重折成 5.5%品位）×单位

产量工资 ± 回收率的扣减或增加额 ± 成本节约或超出额的 20%

a. 回收率的合格指标为：__%，每超出 1%，产量工资总额增加__%；每降低 1%，产量工资总额降低__%。

b. 车间三的定额成本为 40.93 元/吨。

产量工资分发：以班组为单位，班组每个员工的产量工资计算方法：班组产量 × 单位产量工资额/班组产量工资系数之和 × 个人系数 ± 分摊到个人的增加或扣减额（车间总的增加或扣减额/车间总人数）。

（5）车间四的产量工资计算。

车间四的单位产量工资 = 车间四的年度产量工资总额/年度计划生产量

车间四月产量工资总额 = 生产量 × 单位产量工资（干重折成 5.5% 品位） ± 某水分的扣减或增加额 ± 成本节约或超出额的 20%

a. 某水分的合格指标为：__%，每超出 1%，产量工资总额增加__%；每降低 1%，产量工资降低__%。

b. 车间四的定额成本为 0.66 元/吨。

产量工资发放：产量 × 单位产量工资额/车间产量工资系数之和 × 个人系数 ± 分摊到个人的增加或扣减额（车间总的增加或扣减额/车间总人数）。

（6）机修车间的产量工资计算。

机修车间的单位产量工资 = 机修车间的年度产量工资总额/年度计划生产量

机修车间月产量工资总额 = 生产量 × 单位产量工资额 ± 设备运转率的扣减或增加额

a. 设备运转合格率指标为：__%，每超出 1%，产量工资总额增加__%；每降低 1%，产量工资总额降低__%。

b. 产量工资发放：产量 × 单位产量工资额/车间产量工资系数之和 × 个人系数 ± 分摊到个人的增加或扣减额（车间总的增加或扣减额/车间总人数）。

（7）车间五的产量工资计算。

车间五的单位产量工资 = 车间五的产量工资总额/年度计划生产量

车间五月产量工资总额 = 生产量 × 单位产量工资额 − 环保事故（市以上的环保事故扣发当月所有人产量工资，县级及以下的通报未罚款不扣产量工资） ± 成本节约或超出额的 20%

a. 车间五的定额成本为 1.12 元/吨。

b. 产量工资发放：产量 × 单位产量工资/车间产量工资系数之和 × 个人系数 ± 分摊到个人的增加或扣减额（车间总的增加或扣减额/车间总人数）。

（7）行政后勤的产量工资计算。

行政后勤的单位产量工资 = 行政后勤的产量工资总额/年度计划生产量

行政后勤月产量工资总额 = 生产量 × 单位产量工资额

产量工资发放：月产量工资总额/单位产量工资系数之和 × 个人系数。

6. 其他生产相关人员产量工资计算方法：

品管/保卫/仓管人员参照车间一执行，即以车间一 1 系数的员工作为标准，计算各岗位系数，产量工资另行计算，不在产量工资总额中扣除。此类人员系数由人力资源部核准后报总经理审批。

计算公式：车间一产量工资总额/总产量工资系数 × 个人系数。

7. 否决性指标：如事业部发生重大安全环保事故，导致停产整顿，则停产期间取消上述所有员工产量工资。

8. 劳动纪律与绩效考核制度挂钩：

（1）员工请假在 10 天以内，按照实际天数扣除产量工资；员工请假超出 10 天（不含 10 天），扣除当月产量工资，其产量工资纳入员工所在车间进行分配。

（2）无故不上班者按照旷工处理，当月旷工一天扣除当月产量工资。

（3）员工不服从工作安排一次，扣除当月产量工资的 5%；员工不服从工作安排两次（含两次）以上，按照旷工处理扣除当月产量工资。

（4）员工无故不参加公司和采矿场组织的各类学习和会议一次，扣除当月产量工资。

（5）员工喝酒闹事、打架斗殴一次，扣除当月产量工资。

（6）上班时间做与工作无关的事，查处一次扣除当月产量工资的 10%。

（7）上班期间不佩戴齐劳动保护用品一次，扣除当月产量工资的 5%；两次扣除当月产量工资的 10%；三次（含三次）以上扣除当月产量工资。

（8）其他按照工作区员工工作制度中的相关条款执行。

第六条　附则

本考核办法从××××年××月××日起执行，解释权归事业部人力资源部。

附录三

曹子祥老师解答实操中的薪酬绩效问题

【问题一】

学员：

曹子祥老师，您好！我有一个比较现实的问题——部门主管给下属打分的尺度是不一样的，有的松，有的紧，这造成部门之间的考核结果没有可比性。我们以考核结果作为奖惩依据，最后导致各主管都倾向打高分了（我们这边每个职能都考核，有量化目标也有定性目标）。这种部门评分之间没有可比性的问题，您有没有好的解决思路？

曹子祥老师解答：

（1）指标尽量少而且量化。

首先指标尽可能的量化，量化的方法主要有两个：一是将定量的指标分成若干级，一般是五级，用 A、B、C、D、E 表示。分成五级后，对每一级都用能体现它们不同难度的文字来具体描述。另一种较好的方法是用 QQTC（数量、质量、时间、成本）的方法来描述和制定标准。

经过上述量化后，就可以大大减少主观评分的问题。比如，对 A、B、C 等各级都有详细的表现描述，主管就可以按照这个具体的评级标准逐一对照、逐一评分，防止自己拍脑袋评分。

如果工作实在不能量化，就考虑细化，即把笼统的描述具体化，目的还是减少上级的主观评分。

（2）必须做好数据采集。

仅有指标的量化和细化是不够的，评分时还需有指标的数据支撑。无论是定性指标还是定量指标，都要有数据支撑。同时，要建立数据检查机制，进行数据的密集检查，确认考核数据的客观性和准确性，以便确保部门主管能更准确地评价考核结果。

数据采集要建立对应的绩效台账。绩效台账就是数据的检查记录表，对考核对象所有的数据、发生的事件、平时工作表现都要记录下来。每个被考核人的表现和成果都是不一样的，有了这些详细的记录，可以更客观地进行绩效评价，防止上级打分时的趋同效应。

考核时造成不公平的现象有：近期效应（临时抱佛脚、投机取巧，对一直努力的人不公平）、光环效应（某一方面特别突出，就能拿到高分，对能力均衡的人不公平）、感情分、印象分等，这些都会挫伤大家的积极性。因此，不做绩效台账，不做好相应的记录，会直接导致绩效考核的失败。

（3）目标值制定的挑战性。

前两个方面基础工作做好后，在制定目标值时，一定要有一些挑战性，即跳一跳能够摸得到。在制定目标值时，我们可以根据历史情况、竞争对手的情况、行业的平均水平（要高于行业平均水平）、标杆企业的情况、现有资源的增加和减少、外部环境的优劣等条件，最终根据公司的战略要求，制定科学的目标值。

要让大多数人跳一跳能摸得到，少部分人跳一跳也摸不到，还有一部分人跳一跳摸得很好。这样就可以形成正态分布，而不是强制分布。

强制分布是因为大家分数都一样，公司希望拉开差距，所以用行政命令分出好坏。强制分布的缺点是上有政策下有对策，大家轮流坐庄，这样做无法发挥绩效考核的作用。

正态分布就不一样，促使大家把目标值做正确、做精准，制定时参考前面说的几种数据。如果部门人数较少，横向正态分布不容易比较时，也可以进行时间维度的纵向正态分布。比如对一个人的考核，按月份做正态分布，分析他的工作表现的整体好坏和工作状态是否稳定。

制定目标的核心原则是跳一跳能够摸得到。

（4）既考核个人，又考核部门。

考核部门，部门的差距就出来了。公司在制度层面可以规定，得优的部门可以有更多的员工得优和良，更少的人得中和差。比如，得优的部门可以有30%的员工得优秀评价，这就是获得优的部门的好处；得差的部门只能有10%的员工得优秀评价。

(5)跨级领导调整考核评分。

为了避免部门长给下属打分不合理，可以让跨级领导进行评分，由跨级领导进行分数调整。如果发现部门长总是打偏分，就必须采用行政手段处理了，不能让那些要求严格的部门吃亏，要在制度层面鼓励要求严格的部门。

(6)本人自评，不计入权重。

绩效考核设计增加自评项，该项目只用于绩效改善，自己的考评不影响最后结果，自评时把优点、缺点和打分说明详细列明。加上自评后，上级、下属打分后就可以作为参考，并避免分数一样。

前面说的都是制度上的设计层次，要想考核结果更准确，还有两个方面：

一方面是人的问题，要求部门长不允许这样做。公司领导发现部门长给下属打高分，而部门绩效平平时，领导必须严格处理，甚至采用行政处罚，通过建立公正的绩效文化，来确保绩效的有效性。

另一方面是企业文化。在设计企业文化时，有针对性的对企业的普遍问题调整核心价值观。比如，树立诚信的文化，如果不诚信，就采取相应的措施严肃处理。

建立客观、科学的绩效考核风气，让绩效发挥应有的激励作用。

【问题二】

学员：

曹子祥老师您好！我有一个棘手的问题请教您。

背景：

第一，正在筹备预计年底开业的商业公司。

第二，招商人员绩效指标严重无法完成，且不能调整大的招商指标设置，因要保证招商到位正常开业。

第三，人才市场该岗位紧缺，无储备合适人员。

问题：如何在绩效方面做改善，提高绩效完成率，进而保证商场如期开业？

曹子祥老师解答：

（1）招商岗位考核指标的关注点即为招商成功的关键要素（员工能力、招商资源、工作态度），但因这三个因素限制背景所致，将复杂问题简单化，由绩效转化为薪酬提成的问题。

（2）提成方案是简化的单一指标的绩效方案，在大任务目标完成时间确定且不可更改的情况下，建议用翘尾理论设计提成方案（即完成不同任务时，给予不同的提成比率）进行激励。但这里应该注意，因该工作的业绩对公司的影响极大，应设置下限，即低于底线则辞退处理。

（3）在人力招聘方面，鉴于招商人员此阶段的重要性，长期储备人员，增加编制，打破理论中“有经验者才适用”的怪圈。招商可理解为另一种销售，具有销售能力、沟通能力，或熟悉超市、商业业态的人均可适用。

（4）理性看待招商市场。因受电商的影响，以及商场前期的系统性策划、项目定位等，后期招商效果均受影响。把招商人员招商效果不佳的问题转化到公司决策层定位的问题上再进行梳理。

第一，向客户系统讲解商场策划方案、发展前景、商场服务等，增强吸引力和说服力。

第二，通过画册、宣传短片等形式，对商场进行推广。

第三，从以前单一的点对点沟通，增加面对面沟通。比如，现场推介会、参展会、大规模签约、竞拍等形式，目的是用外界氛围让客户产生促动心理，类似于房产销售中的SP逼定。

【问题三】

学员：

曹子祥老师，您好！我们公司是一家寿险公司，您认为应如何考核客户满意度指标？从哪几个方面考核？

曹子祥老师解答：

（1）考核对象。

这是一个非常重要的指标，用于考核公司、公司老总，以及与客户直接相关的客服、销售、理赔等岗位。很多企业都把客户满意度作为销售、客服等岗位或部门的考核指标，实际上不够完整。一个企业的客户满意度是最重要的事情，如果客户不满意，他就会流失的，如果客户非常不满意，他不仅会流失，还会传播、扩大负面影响。另外，客户不满意不是一个部门的原因，而是一个系统性的原因，包括产品的设计、定价、交货速度、品质等，诸如此类的事情不是一个部门能解决的。我建议，先考核公司的老总或领导班子，然后考核相关直接给客户提供服务的部门或岗位，包括销售、售后服务、交付的团队等。

（2）指标内涵。

客户满意度不是一个指标。有些企业在做客户满意度时，就简单提了这个指标，这是没法做定义的，也无法打分或者算分。这个指标的内涵很丰富，对不同的企业、不同的客户，它们的满意度指标是不一样的，通常包含很多方面，具体哪些方面要从客户的需求点入手。当我们做一类客户的满意度指标设计时，要看是卖产品、卖服务还是做一个工程。另外，不同行业的差异很大。比如，银行的客户和制造业及其他行业就不同。银行的客户，存款客户指标和贷款客户指标也不一样。总的来说，客户关心什么，我们就应该考核什么，客户关心的内容就是考核指标的来源。要了解客户关心的内容是比较多方面的、比较复杂的系统。所以，在进行客户满意度指标细化的时候，就要针对不同类别的客户进行系统性的分析，这样才能找出真正的客户满意点，才能针对客户满意度调查的结果找到需要改进的地方。

在不同阶段，满意度指标是不一样的。比如，对客户来说，保险公司业务包含了前期对客户的介绍（包括产品情况和公司情况），营销人员对相关事项的熟悉程度、反应速度，还有事先对客户了解的深度、广度等，这些可以作为这个阶段的客户满意度指标。到了签约阶段，客户可能会关心营销人员对相关条款的熟悉程度、对关键条款的解释、签约的舒适程度等，就客户关心的诸多方面都要做一些考虑和设计。理赔阶段的客户满意度指标，比如，出险调查时，调查的速度、证据保全或证据获取的效率、理赔是否及时、是否按照条款的约定足额理赔、手续是否简便等。实际上，不同阶段涉及的服务不一样，不同阶段的客户满意指标也不一样。

（3）指标量化方法。

指标具体设计要尽可能量化。分成若干等级，有描述，描述最好有数据支撑、事实支撑，或者证据支持，级别可以分为 3 级、5 级或 7 级。

还可以用 QQTC 的方法，这种方式对企业的管理要求高一些，包括工作量、工作质量、成本、时间四个方面。客户满意度用 QQTC 方法量化时，要结合与客户签订的合同，这是客户满意度的基础，实际上客户满意度很大程度上取决于我们与客户的约定，就是约定的什么样的服务或产品，其价格、质量标准、交付时间、服务时间等都是需要考虑的。我们在确定打分标准时要考虑成本。实际上，以 QQTC 考核一项工作时，工作量、质量、时间是客户关心的，成本是客户不关心的，但我们必须关心成本，要控制好成本才能保证利润。所以，不论哪类产品或服务的级别都要考虑客户的期望值。期望值是基于事先确定的，以价格为基础定标准，标准要比期望值高，但也不要高太多以至于成本太高，这样，既能满足客户需求，不断提高客户满意度，又能合理控制好成本。

（4）定指标的方法。

我建议把各类客户召集到一起，保险公司可以找一些比较熟悉产品的客户，通过头脑风暴，参加人员要求各类同客户服务相关部门的人参与，一是定指标，二是通过这个过程让他们了解客户的满意点在哪里，这样可以帮助我们改进。客户选择时，一是要选择既熟悉我们的产品，又熟悉竞争对手的产品的客户，这样对我们的价值更大。二是选不同阶段的、不同程度的客户，这样讨论出的结果更有价值。通过几次脑力激荡，一次 1～2 小时，包括前期的解释，后期的整理。另外，还要告诉客户请他们来会有什么好处。

（5）指标表示形式。

客户满意度指标可以做成多级，客户满意度为根，下面分成几个方面或者几个阶段，或者几类客户都行，在这个维度下进一步细化形成第三级指标。比如，你们就可以分为前期的客户导入阶段、签约阶段、理赔阶段等。在每一个阶段下面还可以分成不同的客户，比如，个人客户、公司客户等，两个维度形成一个矩阵的形式，指标就成了一个体系。

（6）如何考核。

考核主体有三类：考核对象的上级；归口的职能部门，如督察部、质管部；最全面的最好的还是从客户那获取，比如，做客户满意度调查，调查的内容就是我们的指标。客户满意度调查的难点在于不能频繁调查，更多的是对了解总体概况的时候使用，因为客户没有义务配合你。另外，在进行指标优化时可以通过这种方式进行改进。

客户满意度相关指标出来后一定要随时检查，检查周期根据不同服务内容制定。检查完之后一定要把“改善”放到特别重要的位置上，没有改善，检查和考核的意义就大打折扣。绩效改善要以制度的方式确定下来，公司还要有改善的流程和表单。流程和表单进入制度，还要有对改善的抽查，确保能落实到位。

【问题四】

学员：

曹子祥老师，您好！您在讲课中谈道：对于月饼销售的激励可用翘尾理论，卖的越多，提成越高。我们单位正好是做这个业务的，去年出了奖励政策后，许多小加盟店有意见。原因是大店本身销量就很高，在奖金盘子固定的情况下，大店很轻松就能拿到超额奖金，而小店基本上拿不到多少奖金，这种情况应该如何处理？

曹子祥老师解答：

翘尾理论并不是说只针对类似于月饼等季节性特别明显的销售业务。

翘尾理论主要是突破，一般来说要设一个拐点，拐点就是要突破的点。从理论上说，甚至有的企业可以设两个拐点。比如，鼓励要达到8000万元这个点，超过8000万元有比较重大的意义，就可以设8000万元为拐点，超过8000万元就有更高的提成比例，8000万元以内的提成比例低一点。如果超过了8000万元特别重要，超过1.5亿元就有更加重大的意义，可以设两个拐点：超过8000万元，提成比例就明显高一些；超过1.5亿元，提成比例更高，甚至还加上其他激励。这就是翘尾，它不是线性的，而是翘尾的。我们在设计绩效考核系数和提成比例的时候，都可以用到这个方法。

像月饼这种季节性特别强的销售，就是到一个时间点之后基本上不要考虑销量了，这种情况除了所谓的翘尾外，要加上“到期归零”，即到了时间点，销售就截止，后期再有销量重新开始计算。这种就是设一个关键的时间节点，鼓励在关键时间点之前尽可能完成任务。这两个方法可以结合使用。

大店有大店的销售值，小店有小店的销售值，是不一样的。比如，大店可能日销售额30万元是一个峰值，就把30万元作为大店的拐点，30万元以上给予更高提成比例；而小店10万元就是峰值了，就设10万元作为小店的拐点，不能把30万元作为小店的拐点，大店、小店不能都设一样的拐点，不然小店就会有意见。实际上，你们要把各个店历史的每月的量、最高量等数据加以分析，将分析结果作为依据设每个店的拐点，大店有大店的转折点，小店有小店的转折点，不能一刀切。

【问题五】

学员：

一个部门内部有不同的岗位，每个岗位绩效目标的难度也是不一样的（普通文员的绩效目标肯定与核心岗位的目标难度不一样）。年底考评时，文员得满分，而核心岗位分数没有文员高，这时，无论是调薪还是奖励都会遇到谁高谁低的问题？请问怎样建立一个好的机制处理这种状况？

曹子祥老师解答：

这是很简单的问题。一个核心岗位员工和一个普通岗位员工不存在比较的问题。一个核心岗位员工的工资可能是20000元，普通岗位员工的工资可能是8000元，普通岗位员工有普通岗位的目标，他做得好不好，和自身绩效合同定目标时的目标值比较到底合不合理。核心岗位员工是定核心岗位员工的绩效合同时，以针对这个核心岗位的绩效目标值为基础，无论是定性指标还是定量指标，都是针对具体岗位的。

他们的薪酬，比如，核心岗位员工的工资是20000元，其中，30%即6000元用于考核，还有14000元是固定的。而普通岗位员工的工资是8000元，其中，2400元用于考核，他们之间不存在比较的问题。

学员：

这就涉及岗位价值的问题了，我们原来习惯在一个部门里进行排序。请问曹子祥老师，是不是只有相同岗位才有比较价值，不同岗位没有可比性？我说的是现在在做岗位体系，也就是说未来会为每一个层级的岗位设定不同的目标值，是吧？

曹子祥老师解答：

是的。另外，普通员工能够打满分，而核心岗位员工打比较低的分，他们之间不存在比较的问题。不同的岗位，工作内容不同，考核项目也不同，考核的目标值也不相同，他们之间打分的差异只能是分低的表示工作不够努力，没达到这个岗位的目标值，而分高的表示努力完成了本岗位的目标，相互之间是没有可比性的。

我再补充一些绩效考核关于定目标、定指标的基础知识：

在定绩效合同的时候，每一个岗位由于工作职责不同，考核哪个阶段的工作重点不同，考核指标也不同。考核指标是从公司分解到部门，再从部门分解到岗位的。各个岗位要达到什么目标值，也是根据公司的战略目标层层分解下去的。所以，每个岗位的职责不同，员工工作能力有差异，他们的考核指标也是不一样的。

哪怕是相同岗位，能力不同的人来做，目标值也是有差异的。比如，有两个工人，都是钳工，一个是八级钳工，一个是二级钳工，他们做的有些工作可能是类似的，但他们拿的工资差异却很大。因为他们工作的质量不同，八级钳工做的质量标准高一些，二级钳工做的质量标准低一些。如果他们做的是同样质量标准的活，可能八级钳工做得快一些，二级钳工做得慢一些，给他们定绩效合同时所签订的目标值当然也是不一样的。

【问题六】

学员：

我们公司是一个 70 多人的销售医疗设备的小企业，经营业务比较简单，就是销售和客户服务两大块。整个公司从上到下的绩效意识比较强，绩效文化不错。目前公司在实行全员月度考核，但是绩效没有体系，只有简单的绩效考核指标及绩效奖金分配办法。时间一长，绩效考核就趋于形式化了，每个人做绩效考核仅仅是为了完成任务。请问像我们这种小企业怎么做绩效考核更实用、更有效？

曹子祥老师解答：

绩效考核指标是核心。关键考核指标定对了，其他体系、绩效实施制度和细则、工具表单等可以慢慢完善。特别是像你们这样的 70 多人的销售型企业，简单的绩效考核基本够用，没有必要弄得特别复杂。

医疗设备的销售对代理公司有两个要求：资质要求比较严格；前期准备所耗费的人力、物力、财力比较大。基于这两个特点，开拓一个客户需要做很多工作，形成订单比较困难，因此客户一般比较稳定，除非产品出现特别大的问题，或者对服务特别不满意，否则不会轻易更换代理商。基于此，需要做好两方面的工作：一是做好成交之前（售前）

的工作，这样成交量才能比较大。二是注重售后服务，有不少企业认为客户不会轻易流失，不太重视客户服务，这是短期的做法。我们应该重视售后服务，可以找一些新产品满足他们的需求。

这样一来，考核指标就很清晰了：

一是售前指标。从顾客的需求出发，把各种售前服务的工作详细地列出来，细化到各种标准流程及定目标，然后提取行为性指标和定量的结果性指标，对这些指标也要进行细化，注重重要的、能够抓住顾客需求的指标。

二是销售类的指标可以用提成的形式，主要针对销售部。根据不同的产品，提成比例可以有所差异。重点产品或者利润比较高的产品，提成比例设定相对高一点，突出公司的战略重点。

三是售后服务的过程要建立服务流程，设计服务表单。对售后服务的考核有两类指标构成：一类是结果性指标，对售后服务的结果设计一些可以评价的量化指标；另一类是根据售后服务的过程和行为提炼的指标。

售前指标和售后指标分别由两个团队负责人承担，提成也是一种简化的绩效考核。

绩效指标是建立在熟悉业务的基础上的，一定是总经理、业务负责人、销售部和售后服务部的负责人讨论确定指标，人力资源部只是充当工具的提供者、专业指导者的角色。或者是人力资源部去熟悉每一项业务后定指标，但是一般没有这个必要。

售前和售后根据绩效考核的结果，决定两个团队的绩效。一些售前工作需要售后人员也参与进来，和销售人员共同承担。很多公司售后不参与售前工作，这是不对的。做销售的时候不要单纯依靠销售人员，要把每个订单作为一个项目来做，让前期的采购、后期的客服等相关人员都参与进来，虽然表面看起来成本比较高，但是成单率也比较高。

绩效考核流于形式，主要是因为绩效考核没有发挥出应有的激励效果。

一是关键指标提炼的时候没有抓住要害。一定要把重点考核的东西提炼成指标，这个指标既是企业关心的也是客户关心的。

二是目标值的设计要有相当的挑战性。就像考试一样，学习好的和学习差的成绩一样，考试就没有意义了。

三是整个考核过程要注意检查和记录。没有中间的检查和记录，最后的考核就是拍脑袋，会出现近因效应、晕轮效应、从众效应等。

【问题七】

学员：

我现在负责公司几个境外水电站运营公司的考核工作，我理解绩效考核不仅仅是关心什么考核什么、干什么考核什么，还应该关注通过加强管理能够提升的方面。作为一个投资公司，营业收入和利润固然重要，但是基于公司海外水电站售电合同的框架，我们的营业收入和利润几乎跟管理水平没有太大关系，但是考核体系中这两个指标占45%，是不是不太合理？发电量和耗水率是衡量管理水平比较重要的因素，但是又受当地电网需求和来水影响较大，均不是自己能够控制的因素，请问我们的考核体系是否需要优化，如果需要优化，要往哪个方向倾斜？

曹子祥老师解答：

（1）对干什么考核什么的理解。

与指标有关的几个概念，其一就是定指标库，一般根据岗位职责定指标库。岗位职责包括概述、职责、工作任务，称为三级职责，通俗来讲就是干什么考核什么。在确定考核指标的时候，被考核对象对结果一定是有影响的，这样的项目才可以作为考核指标；如果考核对象本身的能力和努力程度对指标结果没有影响，就不能作为考核指标，也没有必要放入指标库。**定考核指标的一般原则：考核对象自身的能力和努力程度一定是对指标的考核结果有影响，如果被考核对象对这个指标的结果没有影响就不能作为指标库。**

（2）怎样看待营业收入和利润指标？

对水电站来说，营业收入一般取决于发电量和售电价格两个因素，在发电量不变的情况下，价格是影响收入的主要因素。而售电价格及价格调整机制一般在售电合同中有约定，售电合同条款又受当地政策，以及当地市场情况和谈判人的能力影响。特定水电站发电量主要受两个因素影响：一是机组的发电效率，二是来水量，来水量主要受客观因素影响，人为干预影响较小。总的来说，发电量受机组的发电运行效率及寿命影响。发电机组是典型的大型机电设备，机电设备影响使用效率和寿命主要有两大类因素：一是保养，机械类设备包括大型汽车、装载设备、机床、发电设备等大设备一定要按照科学规律要求正常保养；二是检修，发现问题及时修理，保养和修理都非常重要。而保养和修理工作对公司管理是可控的，所以在定考核指标时可以结合相关人员（如保养人员、维修人员、操作人员）的工作重点，制定针对性比较强的保养手册、维修手册及操作手册，通过手册实施效果的考核来考核水电站保养及检修的成果。在水电站营业收入和利润受管理影响较小的情况下，通过对电站保养和维修的效果考核来引导对水电站的管理提升工作。

利润等于销售收入减去各类成本、费用和税金。主要是以下几类：

运营费用，牵涉人工、备件、消耗材料及保养费用等所谓的运营成本。运营成本控制的目标就是人均产出最高。合理编制是前提，合理编制不是编制数最低，而是综合考虑。根据工作需要配置合理素质的人员数量，使得人员支出费用最低。同时，也可以制定比较详细的操作手册，严格控制辅料消耗，降低成本；非生产人员产生的管理费用也是影响利润的相关可控因素，也应该关注，但是所占比例相对较小不作为管控的重点。

对于大型投资项目，财务费用是影响利润比较重要的因素。水电站属于资金密集型项目，初期投资额大，成本回收期长，贷款利率和汇兑损益（国外融资）对投资成本影响比较大，如果电站运营方不会影响贷款利率和汇兑损益就不能对其考核。

税金牵扯不同国家的法律，当地政府不同部门有不同的法律规定和解释。如果精通当地法律规章，既可以满足当地法律规章要求又可以合法避税，即按照当地的法律法规找到依据就可以合法规避。比如，一个项目既可能符合高新技术企业规定又符合国家重点引进项目的规定，就可能不仅享受一方面的税费优惠。如果水电站的运营管理者能够影响公司当地税费水平，税费的管理可以作为考核的一个方面。不过税费管理往往作为考核一个投资公司的财务总监的考核指标。

（3）发电量和耗水率。

发电量对于并网的发电企业有较大的限制，即当地电网买多少就卖多少，在电量需求有限的情况下，决定上网电量的并不是产能而是客户需求。由于产品的特殊性，电能不能储存，上网电量可控的因素有限，可以通过倒推得出考核指标，在上网电量相同的情况下，考核单位产品的运营费用及原材料消耗（水），即耗水率。

（4）如何倾斜。

这个问题比较笼统，应该具体化，针对不同的考核对象和不同的考核阶段，考核指标以及权重是不同的。**根据考核的原则“干什么考核什么”，各自的岗位职责和各个阶段的管理重点确定当期考核指标及权重。**考核的目的是通过绩效考核把公司的管理意图传递下去，通过考核指标的设定及考核权重的调整，让考核对象重视公司关注的管理因素；通过对每一个考核对象确立考核指标及考核权重，把上级重视的事情变成考核对象重视的事情。比如融资，通过融资的方式、融资额、汇兑损益、融资费用等考核财务总监；水电站的运营，可以通过考核发电机组的保养、维修及单位产品成本来考核运营管理人员。**要根据不同的考核对象和不同的考核阶段定绩效合同，根据考核对象的岗位职责及考核阶段的重点工作，分析通过考核对象的主观努力能够得到提升的因素。**

学员：

目前公司的考核周期是一年，如何考虑在考核周期内对公司收入和利润没有影响，却在以后会有负面影响的指标（根据合同约定每年即便发电量达不到合同约定的基本电量，当地电力公司也要支付基本电量对应的电费，但是缺口电量需要在电站运营后期抵扣。从公司所属的电站这几年的运营情况来看，都没有达到合同约定的基本电量）？

曹子祥老师解答：

有些大型工程的安全及经营隐患，比如，发电机组的保养、维修的缺陷、坝体的形变和渗漏等在短期内显现不出来，可能会在比较长的一段时间后对公司经营产生负面影响。这个问题可以在绩效和薪酬考核时通过技术手段解决。

一是在设计绩效考核指标库的时候把这些指标具体化，通过考核结果引导重视此类问题，公司也应该在这方面制定相关制度，作为考核的依据；二是通过薪酬的延期支付或滞付，或者设定风险保证金，设定一个比较长的期限或者把长期考核目标作为被考核人离职审计的一部分内容，统筹审计经营期间综合管理水平而不仅仅是财务审计。

另外，影响被考核人长远管理效果还有其他方面的问题，比如，企业文化建设、制度建设等，因本书主要聚焦绩效和薪酬设计和管理，此处不再展开讨论。

【问题八】

学员：

我现在负责公司海外运营期项目的绩效考核工作，因为国别因素和行业因素导致各个项目公司的经营管理难度和经营成果之间不成正比。有的项目公司管理难度相对较小，但是营业收入和利润在相当长一段时间里可以预见而且比较可观；一些行业竞争比较激烈，管理难度较大，但是最终的营业收入和利润还有较大的不确定性；一些项目由于先天性原因和外部市场原因，导致后期管理难度和强度比较大，但是营业收入和利润却十分惨淡；一些参股项目的绩效有的是按控股公司的考核体系执行，最终的考核结果跟本公司的水平偏差很大。请问如何从公司层面上平衡效率与公平、付出与回报、行业收入差距及企业之间的收入差距?

曹子祥老师解答:

(1)绩效管理角度。

不同的项目由于当地的经营环境、法律环境及资源条件的差异,导致各个项目公司之间效益差距较大。同时,这种大的格局无法获得根本性的改变,这种情况下考核的重点,是在客观条件一定的前提下如何改善绩效。尽管有些项目的总体效益是相对固定的,但是通过人为努力可以在原来基础上得到改善,绩效考核的目的就是让被考核对象通过主观努力提升项目的管理水平。

各个类型的项目应该根据具体情况制定类似营业收入和利润等考核指标,考核的重点是针对不同的项目拟定不同的基准,然后进行考核评价,但是不应该做横向比较。很多企业在考核各个分公司、项目、业务单元的时候容易陷入误区,最常见的是喜欢定经营指标,但是只定营业收入额、利润额等。而经营指标还包含很多效益类的指标,比如,投资回报率、资金周转率、增长率等,这是比较初级的绩效管理考核办法。绩效考核也可以从学习与发展的层面考核,除了经营指标还可以加上管理类的指标,还可以用平衡计分卡从 QQTC 四个维度定考核指标。四个维度之间也是有因果关系的,这样考核的效果会好一点,既考虑到了公司近期的指标,一定程度上又考虑到了中期和长期的指标,同时也考虑了团队建设,把绩效考核工作提高到较高水平。考核指标的制定应该有全面的、战略性的思考,这样才能建立一个比较科学的绩效考核体系。

指标的选择,以及指标权重和目标值的设定,一定要根据不同项目、不同阶段的工作重点考虑,不同阶段公司对考核对象的要求和业务重点、战略重点也不同。指标是跟着战略走的,战略重点不同考核指标一定不同。**绩效考核的原理就是指标是跟着战略走的,如果忽视了这一点,容易把绩效考核仅仅看成是营业收入和利润额的考核,这是片面的。**

（2）薪酬问题。

薪酬设计一般包括水平设计和结构设计。

水平设计：设定各个岗位的总收入水平，收入水平要考虑跟当地市场的匹配性和竞争度，同时要考虑中方驻外员工的收入应比国内原岗位收入高，还要考虑当地生活成本给予一定的补助。如果常驻国生活成本高，应该给予一定的消费补助；如果常驻国工作、生活环境较差，也应该给予一定的补助。当地雇员收入水平的设计，参照公司薪酬定位及当地的市场价格综合考虑。

结构设计：主要包括固定部分、浮动部分比例，浮动工资含绩效工资、年终奖金及专项奖金等，针对不同项目公司的考核人影响总收入的主要是绩效考核部分。如果项目的效益跟个人管理努力关系不大，绩效薪酬比例即浮动部分不宜过高。因为项目的效益跟个人努力关系不大，而是项目类型及项目先天条件决定的，此类型的收入水平应以国内收入水平加上一些当地补贴为主；当地雇员主要考虑当地收入水平。

学员：

参股公司，我方也派了管理人员，如果我方管理人员按照控股方的考核体系考核，他的薪酬水平明显高于或低于公司类似岗位薪酬，这个问题要不要考虑平衡？我的意思不是说参与他们的绩效考核体系的设计。

曹子祥老师解答：

通过上述问题的分析，我认为你的困惑点并不在绩效考核上，而是对投资项目收益的理解上。大型项目投资是一个复杂的系统工程，可行性分析、可研究报告十分重要，选择往往比努力重要。尤其是境外电力项目投资额大、投资回报期长，还需要考虑当地自然条件、政治风险及法律法规的风险等诸多因素，大型项目投资一定要慎重，否则一旦投资，项目的成功与否在很长一段时间内很难逆转。作为投资公司，项目选择对了，通过加强管理往往可以得到很好的投资收益；项目选择错了，想通过后天的管理翻身很难，往往达不到预期的投资目的。对于投资效益达不到预期的项目，需要做出系统的分析，通过外部环境及对内部管理的系统评价，可以考虑出售。境外项目由当地人或者其他更专业的公司运营可能会获得较好的收益。

【问题九】

学员：

我们公司是一家互联网媒体公司，计划对高管进行 OKRs 考核，在操作中遇到了问题。OKRs 设定的目标均不可量化，如何跟踪评定高管的考核结果？我们对 OKRs 和 KPI 的理解有些模糊，如何区分？

我们公司明年的战略目标已经确定，是按营业收入定的，之前并未对高管进行过考核，员工是用 KPI 考核的，量化评定的基础数据都有，目前盈利模式还是以广告收入为主。这种情况适用 OKRs 考核吗？老师能帮忙讲解一下吗？

曹子祥老师解答：

应该可以用。

（1）什么是 OKR？

O 即目标管理，管理的目的是为了达成目标，即目标管理 MBO。为了完成 O，有哪些关键结果？关键结果（Key Reswlts）描述 O，这是在目标管理中需要细化的东西，细化之后才可以落地。

为了完成目标，有哪些关键结果？比如，我要把利润提升 30%，这是一个目标。如何把目标和具体工作结合呢？就产生了 O 的关键结果。利润提升 30%，可以从几个不同方向获取利润，可以通过降低成本、降低管理费用、提升销售价格等方式提升利润。为了完成目标在哪些领域展开工作，即关键结果。不同的企业为完成利润，工作重点是不一样的。在高技术领域企业，通过提升产品的附加值、售价、利润，同时保持成本不变；可变成本占比很高的业务领域，主要提升利润的关键成果是降低成本；其他因自身管理不善，导致人员较多、管理团队庞大，关键成果是降低管理费用。

O 和 KR 之间的关系：KR 是对 O 的细化，是具体的描述，指明在哪些方面努力可以达到 O，有的叫 OKR，有的叫 O&KR，它们之间是主从关系。

（2）量化。

当设定 O 时，它必须是可以量化的，如果目标不可量化，需要重新设定目标。目标管理是简化的绩效管理，目标是简化的 KPI，是对结果的量化描述，因此目标一定是可以量化的。

对高层实施目标管理，有两种思考方向：

一是基于经营，高层要对公司的经营成果负责。主要目标都来自经营目标，经营目标都是可以量化的。公司所有高层要对公司的经营结果负责任。公司的销售额、利润、资金的周转率、资金的效率等经营类的指标，即财务指标，是所有高层都应该承担的指标。

二是目标选完后，定目标和关键成果。有的目标通过一项关键成果即可描述清楚，这时就不需要有关键成果，直接定目标；有的目标需要通过多项关键成果描述，既要有目标又要有关键成果。因此在定目标的时候需要注意，有的目标，如利润的提升，需要通过降低管理费用、销售费用、制造费用、采购成本实现，一个目标是由多个 KR 支撑的；有的目标，目标本身很简单，就不需要 KR。比如，把产能提升 30% 或销售额、销量提升 30%，这类目标不需要用 KR 描述，目标本身就是量化的，描述很清楚，那么目标就不需要 KR，也就是有目标不一定有 KR。

（3）如何评定。

如何打分？一定要有依据，依据就是平时的记录，定任何一个目标时都应该有完成情况的检查。我们看定目标有多少项 KR，如果有一项，就要对它做跟踪检查，如果有多项，就要对多项 KR 做跟踪检查，这是必须要做的。

为什么要定这些目标？因为这些目标对实现经营成果很重要，如果不跟踪检查、不改进，就不能保证结果。所以，我们要对整个完成过程追踪检查，检查要有记录，这些检查和记录是打分的依据。如果缺少这些环节，最后就无法对结果进行评定。即便是不能量化的目标，对进行的工作也要跟踪记录，也要对结果进行记录。所有的目标都应该是可以量化的。

所谓的KR就是对结果的记录和检查。记录和追踪的是KR，当初设定的目的就是为了追踪和记录，否则没有办法完成目标。对KR做追踪记录，既是打分的依据又是监督的手段。

（4）定性指标的量化方法。

比如，1年定了一个目标，1年都有记录。在考评周期之前就应该制定相应的标准，如利润提升比例，制定的标准都是可以量化的指标。如果是定性指标，实施的不是目标管理，而是绩效管理。绩效管理分定性指标和定量指标，目标是绩效管理的简化，通常都是定量的，如果是定性指标就复杂得多。

如果用的不是目标管理，用的是传统的绩效管理KPI，KPI里有定性的目标、有定量的目标，KPI把有的定性指标用不同的描述表示，如Goal－Setting即目标设定，就是定性指标比较典型的说法。

定性指标的量化有两类经典方法：一是通过把定性指标用文字描述，描述成不同级别，再打不同的分数，即图尺度评价法。这种方式用的比较多，但量化程度不够，对公司管理要求不算高。二是要求高一点的量化方法——格里波特法，通常从QQTC四个方面对定性指标进行量化。QQTC就是完成任何一项定性工作，到底完成得怎么样，有四个方面的描述。

Quantity即工作量。从哪儿来？如果一项工作由多个人做，不同的人完成同样的工作，如完成招聘、出具报告、办报批手续等定性工作，这些工作都有工作量，不同的人完成的工作量是不一样的，描述工作优劣的时候，要把他们的工作量呈现出来。工作量的难点是定出一个标准的工作量，即生产定额问题。要解决比较复杂，要用这个方法做定性指标的量化必须解决工作量的问题。

做任何一项定性指标描述的工作都要有 Quality。工作质量好或不好都要有标准，要制定这项工作质量的标准。

Time 即工作时限。任何一项工作都是有工作时间要求的，有的工作对期限的要求比较强，过了就有很大影响，这类工作在期限之内和之外完成差异非常大，在时限内完成就是满分，超期限就是零分。有的工作过了期限影响不大，不同的岗位考评定义时间的标准是不一样的。

Cost 即成本。任何工作都有一个标准成本，标准成本需要事先核算出来，依据是历史数据，或同行比较好的数据，或行业标杆成本。如果完成这项工作低于成本就是优；等于成本是合格，就是 80 分；高于成本可以是 60 分，超很多就是 40 分，超更多就是零分等。

任何一项工作都可以从 QQTC 四个方面进行量化。这个方法比较复杂、比较难，需要借助一些基础工作的完善才能完成 QQTC 的描述，关键在考核之前要把一些标准，如工作量、工作质量、工作时间、工作成本的标准定义清楚，需要公司做好基础性工作，如果基础性工作没有做是没有办法使用这种量化技术的。

（5）高管的绩效与战略目标。

高管考核要求和战略目标直接对接。高管团队共同承接了公司的战略目标，完善的管理体系基于战略规划，战略规划里一定有战略目标，战略目标一定是可以量化的。

如果选择了 OKR，需要先定好公司的战略目标，高管就承接了公司的战略目标，我们就是要把战略目标通过 KR 描述出来。如果没有定好战略目标，用这种方式对高管考核就比较吃力，给高管定目标的时候就要思考公司的战略问题。

（6）互联网媒体公司的盈利模式。

互联网媒体公司的盈利模式是什么？影响赚钱的关键要素有哪些？这是定高管绩效指标的核心问题。这些想清楚就知道工作重点在哪里了，可以作为绩效考核的重要依据。如何通过抓一些关键事项、项目、指标支撑战略？问题没有想清楚，定指标的时候就更加困难了。如果业务是通过一个个的项目呈现的，适合用 OKR。项目类公司包括很多类，如房地产、建筑工程、装修工程、文艺演出、影视、体育赛事公司等。这类公司有一定的特征，业务都是通过一个个项目呈现的，这些项目又有特点，每个项目都是非标准的，业务是不稳定的。

我不主张把考核方式分成 OKR 和 KPI，或其他各种各样的方式，容易糊涂，把简单问题复杂化了。绩效考核或目标管理本质上是一样的，即如何通过绩效管理手段支撑业务把业务完成得更好，通过完成一些事项、指标促成业务的达成。

【问题十】

学员：

我们单位今年对各部门实行了差异化考核，考核起到很好的导向作用，但也有一些问题。考核结果出来后，任务相对简单或是一些监督部门成绩很高，任务量大或没完成任务的部门成绩较低。在不是同一把尺子衡量的情况下，怎么应用考核结果？尤其是在分配奖金时。比如，监察部考核成绩很高，项目部任务量大很辛苦，但考评结果低，在对部门进行奖金分配时考评分数不太好应用。

曹子祥老师解答：

（1）绩效部门奖金设计，奖金总额要体现出部门工作量的大小，工作量大的部门绩效奖金分配基数大，实际拿到的绩效奖金总额由分配基数和考核结果决定。分配基数和薪酬设计有关，考核和绩效设计有关，两者要理清。

（2）个人绩效奖金的划分取决于个人在部门中的贡献。

第一种方法，可以做一个系数划分。事先约定标准绩效奖金，标准绩效奖金 = 月度工资总额 × 浮动系数。实际奖金取决于个人绩效考核结果，实际奖金 = 标准绩效奖金 × 个人绩效考核结果对应系数。个人绩效考核结果 = K_1 × 个人考核分 + K_2 × 部门考核分，K_1、K_2 是权重，权重分配与个人绩效对部门绩效的影响有关，影响大 K_2 大，影响小 K_2 小。

个人绩效考核结果对应系数可以大于1，也可以小于1。

第二种方法，实际奖金额度与个人标准奖金和个人考核结果有关。设个人标准奖金为P，考核系数为K，部门奖金总额为A，则个人奖金 = $(P_i \times K_i / \sum P_i \times K_i) \times A$。

设计绩效指标时包括一个部门绩效指标库和绩效合同，部门绩效指标库和部门职责有关。绩效指标库分为结果指标和过程指标。中高层部门结果指标多一些，基层部门过程指标多一些。绩效合同根据部门在某一时期的部门计划设定，部门计划由战略计划—经营计划—部门计划层层分解形成。工作计划中特别重要的工作通过部门绩效合同保证。再设计绩效标准，绩效标准是考核的依据。在定绩效标准时要考虑工作完成的难度，标准要考虑历史数据、外界标杆及现有部门的资源情况，还有一个因素是战略要求，部门经过努力可以达到。

作者介绍

曹子祥：最受企业推崇的“实战型”人力资源管理专家

获得的荣誉：

首届人力资源管理大奖成果银奖；

【搜狐职场一言堂】“最佳人力资源管理咨询师”；

国际十大培训师；

影响深圳咨询业的二十位风云人物；

最受欢迎培训师；

绩效考核及薪酬咨询中国领导品牌；

入选《管理咨询的智慧》“中国最具影响力的管理咨询师”；

搜狐十大人气讲师。

传媒活动：

作为多家报刊、网站、电视台、电台的人力资源管理专栏撰稿人和主持嘉宾，发表文章160多篇；曾被《商界名家》《南方杂志》《新资本》《人力资源报》《亚洲新闻人物》《培训师》《中外管理》等多家杂志专题报道；多次受邀北京《前沿讲座》电视栏目、深圳广播电台作为企业人力资源管理主题的特约嘉宾，在《南方都市报》做过十几期的人力资源管理方面的专家访谈，在《深圳特区报》《深圳商报》写过两年多的《人力资源管理专栏》。

出版著作：

2006年开始，与时代光华合作，出版了四套人力资源管理核心课程多媒体课程光盘：《组织结构优化与集团管控》《岗位分析与岗位评价操作指南》《如何有效实施战略性绩效管理》《企业激励性薪酬方案设计与优化》。

2014 年，出版了第一部人力资源管理专著——《曹子祥教你做绩效管理》。

未来出书计划：

除了 2014 年出版的《曹子祥教你做绩效管理》，本书《曹子祥教你做激励性薪酬设计》在 2016 年面世，未来还将出版《如何成为优秀的人力资源总监》《HRBP 模式实操指南》《组织结构设计与优化》《激励您的员工，引爆企业核能》等不同专题的管理书籍，欢迎各位读者朋友一起探讨企业管理中面临的问题与解决的方法。

推荐作者得新书！

博瑞森征稿启事

亲爱的读者朋友：

感谢您选择了博瑞森图书！希望您手中的这本书能给您带来实实在在的帮助！

博瑞森一直致力于发掘好作者、好内容，希望能把您最需要的思想、方法，一字一句地交到您手中，成为专业知识与管理实践的纽带和桥梁。

但是我们也知道，有很多深入企业一线、经验丰富、乐于分享的优秀专家，或者往来奔波没时间，或者缺少专业的写作指导和便捷的出版途径，只能茫然以待……

还有很多在竞争大潮中坚守的企业，有着异常宝贵的实践经验和独特的闪光点，但缺少专业的记录和整理者，无法让企业的经验和故事被更多的人了解、学习、参考……

这些都太遗憾了！

博瑞森非常希望能将这些埋藏的"宝藏"发掘出来，贡献给广大读者，让更多的人得到帮助。

所以，我们真心地邀请您，我们的老读者，帮助我们一起搜寻：

推荐作者。

可以是您自己或您的朋友，只要对本土管理有实践、有思考；可以是您通过网络、杂志、书籍或其他途径了解的某位专家，不管名气大小，只要他的思想和方法曾让您深受启发。

推荐企业。

可以是您自己所在的企业，或者是您熟悉的某家企业，其创业过程、运营经历、产品研发、机制创新，等等。不论企业大小，只要乐于分享、有值得借鉴书写之处。

总之，好内容就是一切！

博瑞森绝非"自费出书"，出版项目费用完全由我们承担。您推荐的作者或企业案例一经采用，我们会立刻向您赠送书币 100 元，可直接换取任何博瑞森图书的纸质版或电子版。

感谢您对本土管理的支持！感谢您对博瑞森图书的帮助！

推荐邮箱：bookgood@126. com　　　　推荐手机：13611149991

与主编加为好友：⟶

博瑞森管理图书网：http://www. bracebook. com. cn/index. html

1120 本土管理实践与创新论坛

这是由100多位本土管理专家联合创立的企业管理实践学术交流组织，旨在孵化本土管理思想、促进企业管理实践、加强专家间交流与协作。

论坛每年集中力量办好两件大事：第一，**“出一本书”**，汇聚一年的思考和实践，把最原创、最前沿、最实战的内容集结成册，贡献读者；第二，**“办一次会”**，每年11月20日本土管理专家们汇聚一堂，碰撞思想、研讨案例、交流切磋、回馈社会。

论坛理事名单（以年龄为序，以示传承之意）

常务理事：

彭志雄　曾　伟　施　炜　杨　涛　张学军　郭　晓
程绍珊　胡八一　王祥伍　李志华　陈立云　杨永华

理　　事：

卢根鑫　曾令同　宋杼宸　张国祥　刘承元　曹子祥　宋新宇　吴越舟
吴　坚　戴欣明　刘春雄　刘祖轲　段继东　何　慕　秦国伟　贺兵一
张小虎　郭　剑　余晓雷　黄中强　朱玉童　沈　坤　阎立忠　张　进
丁兴良　朱仁健　薛宝峰　史贤龙　卢　强　史幼波　叶敦明　王明胤
陈　明　岑立聪　方　刚　张东利　郭富才　叶　宁　何　屹　沈　奎
王　超　马宝琳　谭长春　夏惊鸣　张　博　李洪道　胡浪球　孙　波
唐江华　刘红明　杨鸿贵　伯建新　高可为　李　蓓　孔祥云　贾同领
罗宏文　史立臣　李政权　余　盛　陈小龙　尚　锋　邢　雷　余伟辉
李小勇　全怀周　沈　拓　徐伟泽　崔自三　王玉荣　蒋　军　侯军伟
黄润霖　金国华　吴　之　葛新红　周　剑　崔海鹏　柏　龑　唐道明
朱志明　曲宗恺　杜　忠　远　鸣　范月明　刘文新　赵晓萌　张　伟
熊亚柱　孙彩军　刘　雷　王庆云　俞士耀　丁　昀　黄　磊　罗晓慧
伏泓霖　梁小平　鄢圣安

企业案例·老板传记

	书名.作者	内容/特色	读者价值
企业案例·老板传记	**娃哈哈区域标杆:豫北市场营销实录** 罗宏文　赵晓萌　等著	本书从区域的角度来写娃哈哈河南分公司豫北市场是怎么进行区域市场营销,成为娃哈哈全国第一大市场、全国增量第一高市场的一些操作方法	参考性、指导性,一线真实资料
	六个核桃凭什么:从0过100亿 张学军　著	首部全面揭秘养元六个核桃裂变式成长的巨著	学习优秀企业的成长路径,了解其背后的理论体系
	借力咨询:德邦成长背后的秘密 官同良　王祥伍　著	讲述德邦是如何借助咨询公司的力量进行自身 与发展的	来自德邦内部的第一线资料,真实、珍贵,令人受益匪浅
	解决方案营销实战案例 刘祖轲　著	用10个真案例讲明白什么是工业品的解决方案式营销,实战、实用	有干货、真正操作过的才能写得出来
	招招见销量的营销常识 刘文新　著	如何让每一个营销动作都直指销量	适合中小企业,看了就能用
	我们的营销真案例 联纵智达研究院　著	五芳斋粽子从区域到全国/诺贝尔瓷砖门店销量提升/利豪家具出口转内销/汤臣倍健的营销模式	选择的案例都很有代表性,实在、实操!
	中国营销战实录:令人拍案叫绝的营销真案例 联纵智达　著	51个案例,42家企业,38万字,18年,累计2000余人次参与……	最真实的营销案例,全是一线记录,开阔眼界
	双剑破局:沈坤营销策划案例集 沈　坤　著	双剑公司多年来的精选案例解析集,阐述了项目策划中每一个营销策略的诞生过程,策划角度和方法	一线真实案例,与众不同的策划角度令人拍案叫绝、受益匪浅
	宗:一位制造业企业家的思考 杨　涛　著	1993年创业,引领企业平稳发展20多年,分享独到的心得体会	难得的一本老板分享经验的书
	简单思考:AMT咨询创始人自述 孔祥云　著	著名咨询公司(AMT)的CEO创业历程中点点滴滴的经验与思考	每一位咨询人,每一位创业者和管理经营者,都值得一读
	边干边学做老板 黄中强　著	创业20多年的老板,有经验、能写、又愿意分享,这样的书很少	处处共鸣,帮助中小企业老板少走弯路
	三四线城市超市如何快速成长:解密甘雨亭 IBMG国际商业管理集团　著	国内外标杆企业的经验+本土实践量化数据+操作步骤、方法	通俗易懂,行业经验丰富,宝贵的行业量化数据,关键思路和步骤
	中国首家未来超市:解密安徽乐城 IBMG国际商业管理集团　著	本书深入挖掘了安徽乐城超市的试验案例,为零售企业未来的发展提供了一条可借鉴之路	通俗易懂,行业经验丰富,宝贵的行业量化数据,关键思路和步骤

互联网+

	书名.作者	内容/特色	读者价值
互联网+	**触发需求:互联网新营销样本·水产** 何足奇　著	传统产业都在苦闷中挣扎前行,本书通过鲜活的案例告诉你如何以需求链整合供应链,从而把大家熟知的传统行业打碎了重构、重做一遍	全是干货,值得细读学习,并且作者的理论已经经过了他亲自操刀的实践检验,效果惊人,就在书中全景展示
	移动互联新玩法:未来商业的格局和趋势 史贤龙　著	传统商业、电商、移动互联,三个世界并存,这种新格局的玩法一定要懂	看清热点的本质,把握行业先机,一本书搞定移动互联网
	微商生意经:真实再现33个成功案例操作全程 伏泓霖　罗晓慧　著	本书为33个真实案例,分享案例主人公在做微商过程中的经验教训	案例真实,有借鉴意义
	今后这样做品牌:移动互联时代的品牌营销策略 蒋　军　著	与移动互联紧密结合,告诉你老方法还能不能用,新方法怎么用	今后这样做品牌就对了
	互联网+"变"与"不变":本土管理实践与创新论坛集萃.2016 本土管理实践与创新论坛　著	本土管理领域正在产生自己独特的理论和模式,尤其在移动互联时代,有很多新课题需要本土专家们一起研究	帮助读者拓宽眼界、突破思维

续表

互联网+	创造增量市场：传统企业互联网转型之道 刘红明　著	传统企业需要用互联网思维去创造增量，而不是用电子商务去转移传统业务的存量	教你怎么在“互联网+”的海洋中创造实实在在的增量
互联网+	重生战略：移动互联网和大数据时代的转型法则 沈　拓　著	在移动互联网和大数据时代，传统企业转型如同生命体打算与再造，称之为“重生战略”	帮助企业认清移动互联网环境下的变化和应对之道
互联网+	画出公司的互联网进化路线图：用互联网思维重塑产品、客户和价值 李　蓓　著	18个问题帮助企业一步步梳理出互联网转型思路	思路清晰、案例丰富，非常有启发性
互联网+	7个转变，让公司3年胜出 李　蓓　著	消费者主权时代，企业该怎么办	这就是互联网思维，老板有能这样想，肯定倒不了
互联网+	跳出同质思维，从跟随到领先 郭　剑　著	66个精彩案例剖析，帮助老板突破行业长期思维惯性	做企业竟然有这么多玩法，开眼界

行业类：零售、白酒、食品/快消品、农业、医药、建材家居等

	书名．作者	内容/特色	读者价值
零售·超市·餐饮·服装·汽车	1. 总部有多强大，门店就能走多远 2. 超市卖场定价策略与品类管理 3. 连锁零售企业招聘与培训破解之道 4. 中国首家未来超市：解密安徽乐城 5. 三四线城市超市如何快速成长：解密甘雨亭 IBMG国际商业管理集团　著	国内外标杆企业的经验+本土实践量化数据+操作步骤、方法	通俗易懂，行业经验丰富，宝贵的行业量化数据，关键思路和步骤
零售·超市·餐饮·服装·汽车	涨价也能卖到翻 村松达夫　【日】	提升客单价的15种实用、有效的方法	日本企业在这方面非常值得学习和借鉴
零售·超市·餐饮·服装·汽车	零售：把客流变成购买力 丁　昀　著	如何通过不断升级产品和体验式服务来经营客流	如何进行体验营销，国外的好经营，这方面有启发
零售·超市·餐饮·服装·汽车	餐饮企业经营策略第一书 吴　坚　著	分别从产品、顾客、市场、盈利模式等几个方面，对现阶段餐饮企业的发展提出策略和思路	第一本专业的、高端的餐饮企业经营指导书
零售·超市·餐饮·服装·汽车	赚不赚钱靠店长：从懂管理到会经营 孙彩军　著	通过生动的案例来进行剖析，注重门店管理细节方面的能力提升	帮助终端门店店长在管理门店的过程中实现经营思路的拓展与突破
零售·超市·餐饮·服装·汽车	汽车配件这样卖：汽车后市场销售秘诀100条 俞士耀　著	汽配销售业务员必读，手把手教授最实用的方法，轻松得来好业绩	快速上岗，专业实效，业绩无忧
白酒	变局下的白酒企业重构 杨永华　著	帮助白酒企业从产业视角看清趋势，找准位置，实现弯道超车的书	行业内企业要减少90%，自己在什么位置，怎么做，都清楚了
白酒	1. 白酒营销的第一本书（升级版） 2. 白酒经销商的第一本书 唐江华　著	华泽集团湖南开口笑公司品牌部长，擅长酒类新品推广、新市场拓展	扎根一线，实战
白酒	区域型白酒企业营销必胜法则 朱志明　著	为区域型白酒企业提供35条必胜法则，在竞争中赢销的葵花宝典	丰富的一线经验和深厚积累，实操实用
白酒	10步成功运作白酒区域市场 朱志明　著	白酒区域操盘者必备，掌握区域市场运作的战略、战术、兵法	在区域市场的攻伐防守中运筹帷幄，立于不败之地
白酒	酒业转型大时代：微酒精选2014－2015 微酒　主编	本书分为五个部分：当年大事件、那些酒业营销工具、微酒独立策划、业内大调查和十大经典案例	了解行业新动态、新观点，学习营销方法

续表

快消品·食品	乳业营销第一书 侯军伟　著	对区域乳品企业生存发展关键性问题的梳理	唯一的区域乳业营销书，区域乳品企业一定要看
	食用油营销第一书 余　盛　著	10 多年油脂企业工作经验，从行业到具体实操	食用油行业第一书，当之无愧
	中国茶叶营销第一书 柏　龑　著	如何跳出茶行业“大文化小产业”的困境，作者给出了自己的观察和思考	不是传统做茶的思路，而是现在商业做茶的思路
	调味品营销第一书 陈小龙　著	国内唯一一本调味品营销的书	唯一的调味品营销的书，调味品的从业者一定要看
	快消品营销人的第一本书：从入门到精通 刘　雷　伯建新　著	快消行业必读书，从入门到专业	深入细致，易学易懂
	变局下的快消品营销实战策略 杨永华　著	通胀了，成本增加，如何从被动应战变成主动的“系统战”	作者对快消品行业非常熟悉、非常实战
	快消品经销商如何快速做大 杨永华　著	本书完全从实战的角度，评述现象，解析误区，揭示原理，传授方法	为转型期的经销商提供了解决思路，指出了发展方向
	一位销售经理的工作心得 蒋　军　著	一线营销管理人员想提升业绩却无从下手时，可以看看这本书	一线的真实感悟
	快消品营销：一位销售经理的工作心得 2 蒋　军　著	快消品、食品饮料营销的经验之谈，重点图书	来源与实战的精华总结
	快消品营销与渠道管理 谭长春　著	将快消品标杆企业渠道管理的经验和方法分享出来	可口可乐、华润的一些具体的渠道管理经验，实战
	成为优秀的快消品区域经理 伯建新　著	37 个“怎么办”分析区域经理的工作关键点	可以作为区域经理的‘速成催化器’
	销售轨迹：一位快消品营销总监的拼搏之路 秦国伟　著	本书讲述了一个普通销售员打拼成为跨国企业营销总监的真实奋斗历程	激励人心，给广大销售员以力量和鼓舞
	快消老手都在这样做：区域经理操盘锦囊 方刚　著	非常接地气，全是多年沉淀下来的干货，丰富的一线经验和实操方法不可多得	在市场摸爬滚打的“老油条”，那些独家绝招妙招一般你问都是问不来的
农业	农资营销实战全指导 张　博　著	农资如何向“深度营销”转型，从理论到实践进行系统剖析，经验资深	朴实、使用！不可多得的农资营销实战指导
	农产品营销第一书 胡浪球　著	从农业企业战略到市场开拓、营销、品牌、模式等	来源于实践中的思考，有启发
	变局下的农牧企业 9 大成长策略 彭志雄　著	食品安全、纵向延伸、横向联合、品牌建设……	唯一的农牧企业经营实操的书，农牧企业一定要看
医药	新医改下的医药营销与团队管理 史立臣　著	探讨新医改对医药行业的系列影响和医药团队管理	帮助理清思路，有一个框架
	医药营销与处方药学术推广 马宝琳　著	如何用医学策划把“平民产品”变成“明星产品”	有真货、讲真话的作者，堪称处方药营销的经典！
	新医改了，药店就要这样开 尚　锋　著	药店经营、管理、营销全攻略	有很强的实战性和可操作性
	电商来了，实体药店如何突围 尚　锋　著	电商崛起，药店该如何突围？本书从促销、会员服务、专业性、客单价等多重角度给出了指导方向	实战攻略，拿来就能用
	在中国，医药营销这样做：时代方略精选文集 段继东　主编	专注于医药营销咨询 15 年，将医药营销方法的精华文章合编，深入全面	可谓医药营销领域的顶尖著作，医药界读者的必读书
	OTC 医药代表药店开发与维护 鄢圣安　著	要做到一名专业的医药代表，需要做什么、准备什么、知识储备、操作技巧等	医药代表药店拜访的指导手册，手把手教你快速上手

续表

医药	**引爆药店成交率1:店员导购实战** 范月明　著	一本书解决药店导购所有难题	情景化、真实化、实战化
	引爆药店成交率2:经营落地实战 范月明　著	最接地气的经营方法全指导	揭示了药店经营的几类关键问题
	医药企业转型升级战略 史立臣　著	药企转型升级有5大途径,并给出落地步骤及风险控制方法	实操性强,有作者个人经验总结及分析
建材家居	**建材家居营销实务** 程绍珊　杨鸿贵　主编	价值营销运用到建材家居,每一步都让客户增值	有自己的系统、实战
	建材家居门店销量提升 贾同领　著	店面选址、广告投放、推广助销、空间布局、生动展示、店面运营等	门店销量提升是一个系统工程,非常系统、实战
	10步成为最棒的建材家居门店店长 徐伟泽　著	实际方法易学易用,让员工能够迅速成长,成为独当一面的好店长	只要坚持这样干,一定能成为好店长
	手把手帮建材家居导购业绩倍增:成为顶尖的门店店员 熊亚柱　著	生动的表现形式,让普通人也能成为优秀的导购员,让门店业绩长红	读着有趣,用着简单,一本在手、业绩无忧
	建材家居经销商实战42章经 王庆云　著	告诉经销商:老板怎么当、团队怎么带、生意怎么做	忠言逆耳,看着不舒服就对了,实战总结,用一招半式就值了
工业品	**销售是门专业活:B2B、工业品** 陆和平　著	销售流程就应该跟着客户的采购流程和关注点的变化向前推进,将一个完整的销售过程分成十个阶段,提供具体方法	销售不是请客吃饭拉关系,是个专业的活计!方法在手,走遍天下不愁
	解决方案营销实战案例 刘祖轲　著	用10个真案例讲明白什么是工业品的解决方案式营销,实战、实用	有干货、真正操作过的才能写得出来
	变局下的工业品企业7大机遇 叶敦明　著	产业链条的整合机会、盈利模式的复制机会、营销红利的机会、工业服务商转型机会……	工业品企业还可以这样做,思维大突破
	工业品市场部实战全指导 杜　忠　著	工业品市场部经理工作内容全指导	系统、全面、有理论、有方法,帮助工业品市场部经理更快提升专业能力
	工业品营销管理实务 李洪道　著	中国特色工业品营销体系的全面深化、工业品营销管理体系优化升级	工具更实战,案例更鲜活,内容更深化
	工业品企业如何做品牌 张东利　著	为工业品企业提供最全面的品牌建设思路	有策略、有方法、有思路、有工具
	丁兴良讲工业4.0 丁兴良　著	没有枯燥的理论和说教,用朴实直白的语言告诉你工业4.0的全貌	工业4.0是什么?本书告诉你答案
	资深大客户经理:策略准,执行狠 叶敦明　著	从业务开发、发起攻势、关系培育、职业成长四个方面,详述了大客户营销的精髓	满满的全是干货
	一切为了订单:订单驱动下的工业品营销实战 唐道明　著	其实,所有的企业都在围绕着两个字在开展全部的经营和管理工作,那就是"订单"	开发订单、满足订单、扩大订单。本书全是实操方法,字字珠玑、句句干货,教你获得营销的胜利
金融	**交易心理分析** (美)马克·道格拉斯　著 刘真如　译	作者一语道破赢家的思考方式,并提供了具体的训练方法	不愧是投资心理的第一书,绝对经典
	精品银行管理之道 崔海鹏　何　屹　主编	中小银行转型的实战经验总结	中小银行的教材很多,实战类的书很少,可以看看
	支付战争 Eric M. Jackson　著 徐　彬　王　晓　译	PayPal创业期营销官,亲身讲述PayPal从诞生到壮大到成功出售的整个历史	激烈、有趣的内幕商战故事!了解美国支付市场的风云巨变
房地产	**产业园区/产业地产规划、招商、运营实战** 阎立忠　著	目前中国第一本系统解读产业园区和产业地产建设运营的实战宝典	从认知、策划、招商到运营全面了解地产策划
	人文商业地产策划 戴欣明　著	城市与商业地产战略定位的关键是不可复制性,要发现独一无二的"味道"	突破千城一面的策划困局
	电影院的下一个黄金十年:开发·差异化·案例 李保煜　著	对目前电影院市场存大的问题及如何解决进行了探讨与解读	多角度了解电影院运营方式及代表性案例

续表

经营类:企业如何赚钱,如何抓机会,如何突破,如何"开源"			
	书名.作者	内容/特色	读者价值
抓方向	让经营回归简单.升级版 宋新宇　著	化繁为简抓住经营本质:战略、客户、产品、员工、成长	经典,做企业就这几个关键点!
	公司由小到大要过哪些坎 卢　强　著	老板手里的一张"企业成长路线图"	现在我在哪儿,未来还要走哪些路,都清楚了
	企业二次创业成功路线图 夏惊鸣　著	企业曾经抓住机会成功了,但下一步该怎么办?	企业怎样获得第二次成功,心里有个大框架了
	老板经理人双赢之道 陈　明　著	经理人怎养选平台、怎么开局,老板怎样选/育/用/留	老板生闷气,经理人牢骚大,这次知道该怎么办了
	简单思考:AMT 咨询创始人自述 孔祥云　著	著名咨询公司(AMT)的 CEO 创业历程中点点滴滴的经验与思考	每一位咨询人,每一位创业者和管理经营者,都值得一读
	企业文化的逻辑 王祥伍　黄健江　著	为什么企业绩效如此不同,解开绩效背后的文化密码	少有的深刻,有品质,读起来很流畅
	使命驱动企业成长 高可为　著	钱能让一个人今天努力,使命能让一群人长期努力	对于想做事业的人,'使命'是绕不过去的
思维突破	移动互联新玩法:未来商业的格局和趋势 史贤龙　著	传统商业、电商、移动互联,三个世界并存,这种新格局的玩法一定要懂	看清热点的本质,把握行业先机,一本书搞定移动互联网
	画出公司的互联网进化路线图:用互联网思维重塑产品、客户和价值 李　蓓　著	18 个问题帮助企业一步步梳理出互联网转型思路	思路清晰、案例丰富,非常有启发性
	重生战略:移动互联网和大数据时代的转型法则 沈　拓　著	在移动互联网和大数据时代,传统企业转型如同生命体打算与再造,称之为"重生战略"	帮助企业认清移动互联网环境下的变化和应对之道
	创造增量市场:传统企业互联网转型之道 刘红明　著	传统企业需要用互联网思维去创造增量,而不是用电子商务去转移传统业务的存量	教你怎么在"互联网+"的海洋中创造实实在在的增量
	7 个转变,让公司 3 年胜出 李　蓓　著	消费者主权时代,企业该怎么办	这就是互联网思维,老板有能这样想,肯定倒不了
	跳出同质思维,从跟随到领先 郭　剑　著	66 个精彩案例剖析,帮助老板突破行业长期思维惯性	做企业竟然有这么多玩法,开眼界
	麻烦就是需求　难题就是商机 卢根鑫　著	如何借助客户的眼睛发现商机	什么是真商机,怎么判断、怎么抓,有借鉴
	互联网+"变"与"不变":本土管理实践与创新论坛集萃·2016 本土管理实践与创新论坛　著	加速本土管理思想的孕育诞生,促进本土管理创新成果更好地服务企业、贡献社会	各个作者本年度最新思想,帮助读者拓宽眼界、突破思维

管理类:效率如何提升,如何实现经营目标,如何"节流"			
	书名.作者	内容/特色	读者价值
通用管理	1. 让管理回归简单.升级版 2. 让经营回归简单.升级版 3. 让用人回归简单 宋新宇　著	宋博士的"简单"三部曲,影响 20 万读者,非常经典	被读者热情地称作"中小企业的管理圣经"
	分股合心:股权激励这样做 段　磊　周　剑　著	通过丰富的案例,详细介绍了股权激励的知识和实行方法	内容丰富全面、易读易懂,了解股权激励,有这一本就够了
	边干边学做老板 黄中强　著	创业 20 多年的老板,有经验、能写、又愿意分享,这样的书很少	处处共鸣,帮助中小企业老板少走弯路
	阿米巴经营的中国模式 李志华　著	让员工从"要我干"到"我要干",价值量化出来	阿米巴在企业如何落地,明白思路了

续表

通用管理	中国式阿米巴落地实践之激活组织 胡八一 著	重点讲解如何科学划分阿米巴单元，阐述划分的实操要领、思路、方法、技术与工具	最大限度减少“推行风险”和“摸索成本”，利于公司成功搭建适合自身的个性化阿米巴经营体系
	欧博心法：好管理靠修行 曾 伟 著	用佛家的智慧，深刻剖析管理问题，见解独到	如果真的有‘中国式管理’，曾老师是其中标志性人物
流程管理	1. 用流程解放管理者 2. 用流程解放管理者 2 张国祥 著	中小企业阅读的流程管理、企业规范化的书	通俗易懂，理论和实践的结合恰到好处
	跟我们学建流程体系 陈立云 著	畅销书《跟我们学做流程管理》系列，更实操，更细致，更深入	更多地分享实践，分享感悟，从实践总结出来的方法论
质量管理	**1. ISO9001：2015 新版质量管理体系详解与案例文件汇编** **2. ISO14001：2015 新版环境管理体系详解与案例文件汇编** 谭洪华 著	紧密围绕 2015 新版，逐条详细解读，工具也可以直接套用，易学易上手	企业认证、内审必备
战略落地	重生——中国企业的战略转型 施 炜 著	从前瞻和适用的角度，对中国企业战略转型的方向、路径及策略性举措提出了一些概要性的建议和意见	对企业有战略指导意义
	公司大了怎么管：从靠英雄到靠组织 AMT 金国华 著	第一次详尽阐释中国快速成长型企业的特点、问题及解决之道	帮助快速成长型企业领导及管理团队理清思路，突破瓶颈
	低效会议怎么改：每年节省一半会议成本的秘密 AMT 王玉荣 著	教你如何系统规划公司的各级会议，一本工具书	教会你科学管理会议的办法
	年初订计划，年尾有结果：战略落地七步成诗 AMT 郭晓 著	7 个步骤教会你怎么让公司制定的战略转变为行动	系统规划，有效指导计划实现
人力资源	回归本源看绩效 孙 波 著	让绩效回顾“改进工具”的本源，真正为企业所用	确实是来源于实践的思考，有共鸣
	世界 500 强培训经理教你：管理你的培训 陈 锐 著	从 7 大角度具体细致地讲解了培训管理的核心内容	专业、实用、接地气
	曹子祥教你做激励性薪酬设计 曹子祥 著	以激励性为指导，系统性地介绍了薪酬体系及关键岗位的薪酬设计模式	深入浅出，一本书学会薪酬设计
	曹子祥教你做绩效管理 曹子祥 著	复杂的理论通俗化，专业的知识简单化，企业绩效管理共性问题的解决方案	轻松掌握绩效管理
	把招聘做到极致 远 鸣 著	作为世界 500 强高级招聘经理，作者数十年招聘经验的总结分享	带来职场思考境界的提升和具体招聘方法的学习
	人才评价中心．超级漫画版 邢 雷 著	专业的主题，漫画的形式，只此一本	没想到一本专业的书，能写成这效果
	走出薪酬管理误区 全怀周 著	剖析薪酬管理的 8 大误区，真正发挥好枢纽作用	值得企业深读的实用教案
	集团化人力资源管理实践 李小勇 著	对搭建集团化的企业很有帮助，务实，实用	最大的亮点不是理论，而是结合实际的深入剖析
	我的人力资源咨询笔记 张 伟 著	管理咨询师的视角，思考企业的 HR 管理	通过咨询师的眼睛对比很多企业，有启发
	本土化人力资源管理 8 大思维 周 剑 著	成熟 HR 理论，在本土中小企业实践中的探索和思考	对企业的现实困境有真切体会，有启发
	HRBP 是这样炼成的之“菜鸟起飞” 新 海 著	以小说的形式，具体解析 HRBP 的职责，应该如何操作，如何为业务服务	实践者的经验分享，内容实务具体，形式有趣

续表

企业文化	**华夏基石方法：企业文化落地本土实践** 王祥伍　谭俊峰　著	十年积累、原创方法、一线资料，和盘托出	在文化落地方面真正有洞察，有实操价值的书
	企业文化的逻辑 王祥伍　著	为什么企业之间如此不同，解开绩效背后的文化密码	少有的深刻，有品质，读起来很流畅
	企业文化激活沟通 宋杼宸　安　琪　著	透过新任 HR 总经理的眼睛，揭示出沟通与企业文化的关系	有实际指导作用的文化落地读本
	在组织中绽放自我：从专业化到职业化 朱仁健　王祥伍　著	个人如何融入组织，组织如何助力个人成长	帮助企业员工快速认同并投入到组织中去，为企业发展贡献力量
	企业文化定位·落地一本通 王明胤　著	把高深枯燥的专业理论创建成一套系统化、实操化、简单化的企业文化缔造方法	对企业文化不了解，不会做？有这一本从概念到实操，就够了
生产管理	**高员工流失率下的精益生产** 余伟辉　著	中国的精益生产必须面对和解决高员工流失率问题	确实来源于本土的工厂车间，很务实
	车间人员管理那些事儿 岑立聪　著	车间人员管理中处理各种“疑难杂症”的经验和方法	基层车间管理者最闹心、头疼的事，‘打包’解决
	1. 欧博心法：好管理靠修行 **2. 欧博心法：好工厂这样管** 曾　伟　著	他是本土最大的制造业管理咨询机构创始人，他从 400 多个项目、上万家企业实践中锤炼出的欧博心法	中小制造型企业，一定会有很强的共鸣
	欧博工厂案例 1：生产计划管控对话录 **欧博工厂案例 2：品质技术改善对话录** **欧博工厂案例 3：员工执行力提升对话录** 曾　伟　著	最典型的问题、最详尽的解析，工厂管理 9 大问题 27 个经典案例	没想到说得这么细，超出想象，案例很典型，照搬都可以了
	苦中得乐：管理者的第一堂必修课 曾　伟　编著	曾伟与师傅大愿法师的对话，佛学与管理实践的碰撞，管理禅的修行之道	用佛学最高智慧看透管理
	比日本工厂更高效 1：管理提升无极限 刘承元　著	指出制造型企业管理的六大积弊；颠覆流行的错误认知；掌握精益管理的精髓	每一个企业都有自己不同的问题，管理没有一剑封喉的秘笈，要从现场、现物、现实出发
	比日本工厂更高效 2：超强经营力 刘承元　著	企业要获得持续盈利，就要开源和节流，即实现销售最大化，费用最小化	掌握提升工厂效率的全新方法
	比日本工厂更高效 3：精益改善力的成功实践 刘承元　著	工厂全面改善系统有其独特的目的取向特征，着眼于企业经营体质（持续竞争力）的建设与提升	用持续改善力来飞速提升工厂的效率，高效率能够带来意想不到的高效益
	3A 顾问精益实践 1：IE 与效率提升 党新民　苏迎斌　蓝旭日　著	系统的阐述了 IE 技术的来龙去脉以及操作方法	使员工与企业持续获利
	3A 顾问精益实践 2：JIT 与精益改善 肖志军　党新民　著	只在需要的时候，按需要的量，生产所需的产品	提升工厂效率

续表

员工素质提升	跟老板“偷师”学创业 吴江萍　余晓雷　著	边学边干，边观察边成长，你也可以当老板	不同于其他类型的创业书，让你在工作中积累创业经验，一举成功
	销售轨迹：一位快消品营销总监的拼搏之路 秦国伟　著	本书讲述了一个普通销售员打拼成为跨国企业营销总监的真实奋斗历程	激励人心，给广大销售员以力量和鼓舞
	在组织中绽放自我：从专业化到职业化 朱仁健　王祥伍　著	个人如何融入组织，组织如何助力个人成长	帮助企业员工快速认同并投入到组织中去，为企业发展贡献力量
	企业员工弟子规：用心做小事，成就大事业 贾同领　著	从传统文化《弟子规》中学习企业中为人处事的办法，从自身做起	点滴小事，修养自身，从自身的改善得到事业的提升
	手把手教你做顶尖企业内训师：TTT培训师宝典 熊亚柱　著	从课程研发到现场把控、个人提升都有涉及，易读易懂，内容丰富全面	想要做企业内训师的员工有福了，本书教你如何抓住关键，从入门到精通

营销类：把客户需求融入企业各环节，提供“客户认为”有价值的东西

	书名．作者	内容/特色	读者价值
营销模式	变局下的营销模式升级 程绍珊　叶　宁　著	客户驱动模式、技术驱动模式、资源驱动模式	很多行业的营销模式被颠覆，调整的思路有了！
	卖轮子 科克斯【美】	小说版的营销学！营销理念巧妙贯穿其中，贵在既有趣，又有深度	经典、有趣！一个故事读懂营销精髓
	弱势品牌如何做营销 李政权　著	中小企业虽有品牌但没名气，营销照样能做的有声有色	没有丰富的实操经验，写不出这么具体、详实的案例和步骤，很有启发
	老板如何管营销 史贤龙　著	高段位营销16招，好学好用	老板能看，营销人也能看
	动销：产品是如何畅销起来的 吴江萍　余晓雷　著	真真切切告诉你，产品究竟怎么才能卖出去	击中痛点，提供方法，你值得拥有
销售	资深大客户经理：策略准，执行狠 叶敦明　著	从业务开发、发起攻势、关系培育、职业成长四个方面，详述了大客户营销的精髓	满满的全是干货
	销售是门专业活：B2B、工业品 陆和平　著	销售流程就应该跟着客户的采购流程和关注点的变化向前推进，将一个完整的销售过程分成十个阶段，提供具体方法	销售不是请客吃饭拉关系，是个专业的活计！方法在手，走遍天下不愁
	向高层销售：与决策者有效打交道 贺兵一　著	一套完整有效的销售策略	有工具，有方法，有案例，通俗易懂
	卖轮子 科克斯　【美】	小说版的营销学！营销理念巧妙贯穿其中，贵在既有趣，又有深度	经典、有趣！一个故事读懂营销精髓
	学话术　卖产品 张小虎　著	分析常见的顾客异议，将优秀的话术模块化	让普通导购员也能成为销售精英
组织和团队	升级你的营销组织 程绍珊　吴越舟　著	用“有机性”的营销组织替代“营销能人”，营销团队变成“铁营盘”	营销队伍最难管，程老师不愧是营销第1操盘手，步骤方法都很成熟
	用数字解放营销人 黄润霖　著	通过量化帮助营销人员提高工作效率	作者很用心，很好的常备工具书
	成为优秀的快消品区域经理 伯建新　著	37个“怎么办”分析区域经理的工作关键点	可以作为区域经理的‘速成催化器’
	一位销售经理的工作心得 蒋　军　著	一线营销管理人员想提升业绩却无从下手时，可以看看这本书	一线的真实感悟
	快消品营销：一位销售经理的工作心得2 蒋　军　著	快消品、食品饮料营销的经验之谈，重点突出	来源于实战的精华总结
	销售轨迹：一位快消品营销总监的拼搏之路 秦国伟　著	本书讲述了一个普通销售员打拼成为跨国企业营销总监的真实奋斗历程	激励人心，给广大销售员以力量和鼓舞

续表

组织和团队	**用营销计划锁定胜局:用数字解放营销人2** 黄润霖　著	全方位教你怎么做好营销计划,好学好用真简单	照搬套用就行,做营销计划再也不头痛
	快消品营销人的第一本书:从入门到精通 刘　雷　伯建新　著	快消行业必读书,从入门到专业	深入细致,易学易懂
产品	**产品炼金术Ⅰ:如何打造畅销产品** 史贤龙　著	满足不同阶段、不同体量、不同行业企业对产品的完整需求	必须具备的思维和方法,避免在产品问题上走弯路
	产品炼金术Ⅱ:如何用产品驱动企业成长 史贤龙　著	做好产品、关注产品的品质,就是企业成功的第一步	必须具备的思维和方法,避免在产品问题上走弯路
	新产品开发管理,就用IPD 郭富才　著	10年IPD研发管理咨询总结,国内首部IPD专业著作	一本书掌握IPD管理精髓
品牌	**中小企业如何建品牌** 梁小平　著	中小企业建品牌的入门读本,通俗、易懂	对建品牌有了一个整体框架
	采纳方法:破解本土营销8大难题 朱玉童　编著	全面、系统、案例丰富、图文并茂	希望在品牌营销方面有所突破的人,应该看看
	中国品牌营销十三战法 朱玉童　编著	采纳20年来的品牌策划方法,同时配有大量的案例	众包方式写作,丰富案例给人启发,极具价值
	今后这样做品牌:移动互联时代的品牌营销策略 蒋军　著	与移动互联紧密结合,告诉你老方法还能不能用,新方法怎么用	今后这样做品牌就对了
	中小企业如何打造区域强势品牌 吴之　著	帮助区域的中小企业打造自身品牌,如何在强壮自身的基础上往外拓展	梳理误区,系统思考品牌问题,切实符合中小区域品牌的自身特点进行阐述
渠道通路	**快消品营销与渠道管理** 谭长春　著	将快消品标杆企业渠道管理的经验和方法分享出来	可口可乐、华润的一些具体的渠道管理经验,实战
	传统行业如何用网络拿订单 张　进　著	给老板看的第一本网络营销书	适合不懂网络技术的经营决策者看
	采纳方法:化解渠道冲突 朱玉童　编著	系统剖析渠道冲突,21个渠道冲突案例、情景式讲解,37篇讲义	系统、全面
	学话术　卖产品 张小虎　著	分析常见的顾客异议,将优秀的话术模块化	让普通导购员也能成为销售精英
	向高层销售:与决策者有效打交道 贺兵一　著	一套完整有效的销售策略	有工具,有方法,有案例,通俗易懂
	通路精耕操作全解:快消品20年实战精华 周　俊　陈小龙　著	通路精耕的详细全解,每一步的具体操作方法和表单全部无保留提供	康师傅二十年的经验和精华,实践证明的最有效方法,教你如何主宰通路

思想·文化

	书名.作者	内容/特色	读者价值
思想·文化	**史幼波中庸讲记(上下册)** 史幼波　著	全面、深入浅出地揭示儒家中庸文化的真谛	儒释道三家思想融汇贯通
	史幼波心经讲记(上下册) 史幼波　著	句句精讲,句句透彻,佛法经典的多角度阐释	通俗易懂,将深刻的教理以浅显的语言讲出来
	史幼波大学讲记 史幼波　著	用儒释道的观点阐释大学的深刻思想	一本书读懂传统文化经典
	史幼波《周子通书》《太极图说》讲记 史幼波　著	把形而上的宇宙、天地,与形而下的社会、人生、经济、文化等融合在一起	将儒家的一整套学修系统融合起来